U0031680

敏感的我，怎麼可以這麼好

從自控、自癒到自由，
最關鍵的7堂「敏感管理」諮商課
——給高度敏感、內心有傷仍自帶光芒的你

全弘鎮 전홍진 M.D. 著　翟云禾 譯

매우 예민한 사람들을 위한 책

**A Book for
Highly Sensitive
Person**

前言

PREFACE

我們雖然生活在同一個世界，但是每個人都有各自的生活軌跡；因為過著不一樣的生活，每個人經歷的故事也大相逕庭。身為大學附屬醫院的精神科醫生，我在診間遇過的人成千上萬，傾聽過無數故事，因而體悟到現實生活中所發生的真實故事，遠比電影精采、比連續劇下回分曉還更令人期待。我也發現這些故事的主人翁都有一顆「高敏感的心」，面對每件小事，會比一般人更為敏感，更加無法釋懷。

除了患者之外，我也遇過許多在社會上很成功、在所處領域有傑出貢獻的人，令人驚訝的是，他們也絕大多數是「高敏感人」（highly sensitive person，簡稱 HSP，亦稱「高敏感族群」、「高敏感人士」或「高敏人」）。如果要說這些成功人士與一般高敏感人有何不同，那就是他們雖然都因自身的敏感所苦，卻可以領悟出克服敏感天性的方法。

不管高敏感人是成功或平凡，或是嚴重到得接受治療，他們對於人際關係都非常敏銳，時常把自己弄得比一般人更疲憊，生活也會過得比一般人艱辛。

很多人都問我有沒有為了高敏感人寫的書，希望我可以推薦這類著作，來幫助他們自己或家人。我翻閱了坊間許多書，發現內容大都是在刺激讀者感受，可提供實質幫助的書相對較少。至於譯自美國、歐洲、日本等地的書，則和韓國人普遍的情緒感受並不相符。

因此我決定親自提筆寫書，可讓讀者在看書時宛若置身主人翁身邊聆聽一個個有意思的故事，同時也能稍微撫平敏感情緒。症狀嚴重的患者，並不是本書所設定的讀者。本書主要鎖定我們周遭時常可見的「情緒敏感者」。此外，書中 40 件諮商個案中，女性的比例明顯高於男性，這是因為在處理人際關係方面，女性的敏感程度比男性高，也更費心思。

看完本書，或許有很多讀者會覺得這些故事與自身毫無關係，不過應該能讓各位想起身邊那些比較敏感的人，這麼一來，相信本書就能幫助各位更能設身處地去理解他人，處理人與人的關係也更能感同身受了。

因個人情況不同，如需專業諮商與治療，建議尋求專業精神科醫生的幫助。千萬不要以為看了本書就能自我診斷並妄下結論。我寫這本書的動機是想讓人們以寬廣的角度去看待自己與另一半，以及朋友、家人的敏感問題。

書中案例並無影射任何人，全都是為了便於讀者理解而整合諸多案例所寫下的內容，個案中出現的所有人名都是假名。

藉此機會，我也要向在三星首爾醫院和成均館大學共事的所有人、韓國保健福祉部中央心理剖檢中心的工作人員，以及我的研究團隊，致上誠摯的謝意。同時也要感激河智賢醫師和徐天錫醫師，在本書正式出版前先看過書稿並提出建議，同時欣然撰寫了推薦語。此外，還要謝謝出版韓文版的文字罈子總編輯李恩惠。沒有她的幫忙，這本書不可能順利問世。

希望接受過我治療的所有人及其家人，都能健康幸福地生活。期盼這本書能對所有因敏感而痛苦的人有所裨益，就算只是幫到一點小忙都好。

在此也由衷感謝我的老婆及兩個女兒。

2020 年 7 月

金弘鎮

目次

CONTENTS

PART 3 為高敏感個案打造專屬處方

PART · 1

敏感的人，大多內心有傷

從心理創傷的源頭、童年經歷，
談到敏感與大腦的作用，
探討何謂高敏感大腦。

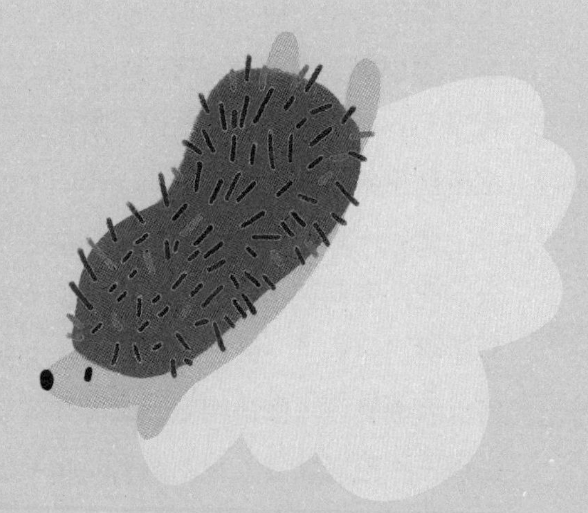

01

走進精神科診間的患者——我所做的「高敏感」研究

我是主治憂鬱症的精神科醫師。很多人都問過我：「整天接觸憂鬱症患者是什麼樣的感覺？」說實在的，我在診間很少感到憂鬱。並不是因為我的內心比較強大，而是因為聽過諸多患者的故事後，我發現他們憂鬱的心情、失眠、焦慮、焦躁不安、反覆出現想尋死的念頭等症狀，雖然都差不多，但「沒有人」的故事是一模一樣的。他們的故事帶著我進入了他們的過去，進而萌生和他們經歷過相同過往的錯覺。而這種「同步化」（synchronization）過程，讓我擁有同理心，從而找出有效治癒病患的蛛絲馬跡。

要找出幫助患者的方法，往往必須一起說服患者本人和家人。此一階段遇到的最大難關就是來看精神科的人大多數都不覺得自己生病了。即使確診罹患了憂鬱症，多半也會拒絕承認自己有憂鬱症，像是明顯出現失智症狀的老奶奶會矢口否認自己得了阿茲海默症；有的患者明明不斷尋死，但仍不相信自己有自殺傾向。所以就算到了醫院接受檢查，他們大部分都不會相信檢查結果。

然而令人驚訝的是，如果醫師改口對他們說：「你好像有點敏感」，絕大部分的人都能接受。「敏感」的英文是「sensitive」，意指對於外部刺激的反應較為敏銳。「highly sensitive person」（HSP）直譯是「高度敏感的人」，但此一名詞並非醫療術語或正式的疾病名稱。而是依蓮・艾融博士（Elaine N. Aron）於 2006 年針對 HSP 提出的新定義：「天生具有敏銳感覺的一群人，面對外界的刺激或批評，易於察覺細微的差異，在刺激性環境中容易被擊潰。」[1]

一般人中也有許多高敏感人。每當他們被問及自己是否帶有敏感性格，大部分都會點頭稱是。根據艾融博士的研究結果，有 15～20%的人具有高敏感的特質。女性的人數高於男性，罹患憂鬱症及焦慮症的人也不在少數，但尚未有大規模研究足以證明。

我之所以對高敏感人產生興趣，始於在美國波士頓進修期間。當時在美國境內，中國、韓國等亞裔移民人口迅速增加，而在波士頓留學的東方學生大都在大學或跨國企業中進行研究。那時亞裔移民因為無法適應美國文化而引發了一些事件，學校方面不得不開始關注因文化差異引發憂鬱症的相關研究。

2012 年至 2014 年間，我在哈佛大學附設麻省總醫院（Massachusetts General Hospital，簡稱 MGH）的憂鬱症臨床研究中心（Depression and Clinical Research Program，簡稱 DCRP）進修。2012 年夏天，我在 MGH 做研究時，正值江南大叔 PSY 的騎馬舞風靡全球。[1]當時就連美國小學生也會趁著下課時間在教室大跳騎馬舞。此外，美國公車上也看得到最新問世的三星 Galaxy 手機廣告。再加上美國有線電視新聞網（CNN）連日報導北韓的核武問題，讓韓國一躍成為哈佛的新興話題。只要以上述三個話題來打開話匣子，就算是初次見面的美國人也能相談甚歡。可見若想與初相識的人變熟，找到共同話題非常重要。

這是我第一次在國外長期生活，在那之前只出國短期旅遊或參加學術研討會，儘管學過不少英文的專業醫療用語，卻少有機會以英文與人交談，用英文發表論文的次數更是屈指可數。但在 MGH 工作時往往需要將研究報告做成 PPT 簡報，公開發表之餘也需參與討論。

一向是以閱讀英文為主的我，如今卻要在外國人面前用英語報告研究結果，難度之高可想而知。一開始我總是腦袋一片空白，而且隨著每月例行報告的時間越來越近，我都會恨不得逃跑。倘若單就我的研究成果來說，當時台下的美國人可能都沒看出來我內心的慌張吧。總之，經過反覆上台發言，我的態度越來越輕鬆自然，後來甚至還能在報告之餘開開玩笑。

1　此指韓國藝人 PSY，他於 2012 年發表的新歌《江南 STYLE》及名為「騎馬舞」的編舞紅遍全球。

包括 MGH 憂鬱症中心主任暨哈佛大學教授大衛・米蘇隆（David Mischoulon）在內，幾位平時和我比較要好的教授都會以我聽得懂的語速和詞彙向我提問，反倒是有位跟我不太熟的印度同仁，總會用一口講得飛快的印度腔英文提出問題，搞得我狼狽不堪。而會後米蘇隆教授也說他自己常常聽不太懂那人的問題，希望能安慰我。不知道是不是心態比較放鬆的關係，雖然那位仁兄的印度口音還是讓我很頭痛，但我也漸漸能聽懂他所說的英文了。

我負責的第一個研究是比較韓、美兩國憂鬱症患者的症狀。韓國憂鬱症患者出現慮病症（hypochondriasis，過度憂慮自己已經生病或罹患重大疾病）、體重減輕、焦慮、失眠等症狀的頻率，遠高於美國人（參圖 1）。[2] 因為罪惡感而心情非常憂鬱的患者占比較低。這表示韓國人如果得了憂鬱症，身體就會敏感地出現相應的症狀。實際上，心理疾病也確實會引發許多身體上的變化。然而相較之下，韓國人對自己心情上的變化，辨識能力較為低落。

開始看診後我才發現，很多患者因為憂鬱症變得敏感，導致體力下降，但他們卻不知道這是心情變化所致，而是輾轉醫院各科接受各種檢查、在檢查結果一切正常之後，才轉來了精神科。韓國人通常是因為自己太敏感而變得焦慮，因焦慮不安導致心跳加快的話就去檢查心臟；呼吸困難就檢查肺部、甚至做了腦部磁振造影（MRI）；當檢查結果都正常的時候，才會開始思考這一切難道是因為自己太過敏感嗎？相較之下，美國人通常能夠分辨自己是否憂鬱及敏感，提早發現憂鬱症。

有人認為是因為韓國人太常憂鬱，才無法分辨自己的心情是否憂鬱。但對此我持反對意見。根據傑克等人（2012）[3] 的研究顯示，文化環境不同，人們臉部的情緒表現也會不一樣。東方人比較內斂，不像西方人一樣可以用臉部表情來表達 6 種基本情緒：快樂（happiness）、驚訝（surprise）、恐懼（fear）、厭惡（disgust）、生氣（anger）、傷心（sadness），這些情緒靠臉部表情難以區分，往往是彼此重疊在一起的。不光韓國人如此，亞洲人整體而言都難以分辨自己的心理狀態，情緒表達能力也比西方人弱。

韓國人若是罹患了憂鬱症，從他們臉上看不出喜怒哀樂，對自身心情的感知程度也很低。但他們有個共同的特徵是「身體上的感受比較明顯」，因為憂心健康而對身體的感受格外敏感，導致出現心跳加速、呼吸困難、手抖等症狀，而這些症狀都會讓人變得更加敏感。

我在觀摩 MGH 憂鬱症中心的治療過程時，發現了一個有意思的現象：美國憂鬱症患者大多比較肥胖，食慾增加，經常傾訴自己很憂鬱。而韓國憂鬱症患者則多半日漸消瘦，身體感受呈現高度敏感的狀態。我一開始很好奇為何會出現這種區別，在研究兩國的數據後解開了疑惑。

與其他亞洲、西方國家相比之下，韓國人患有陰霾型重鬱

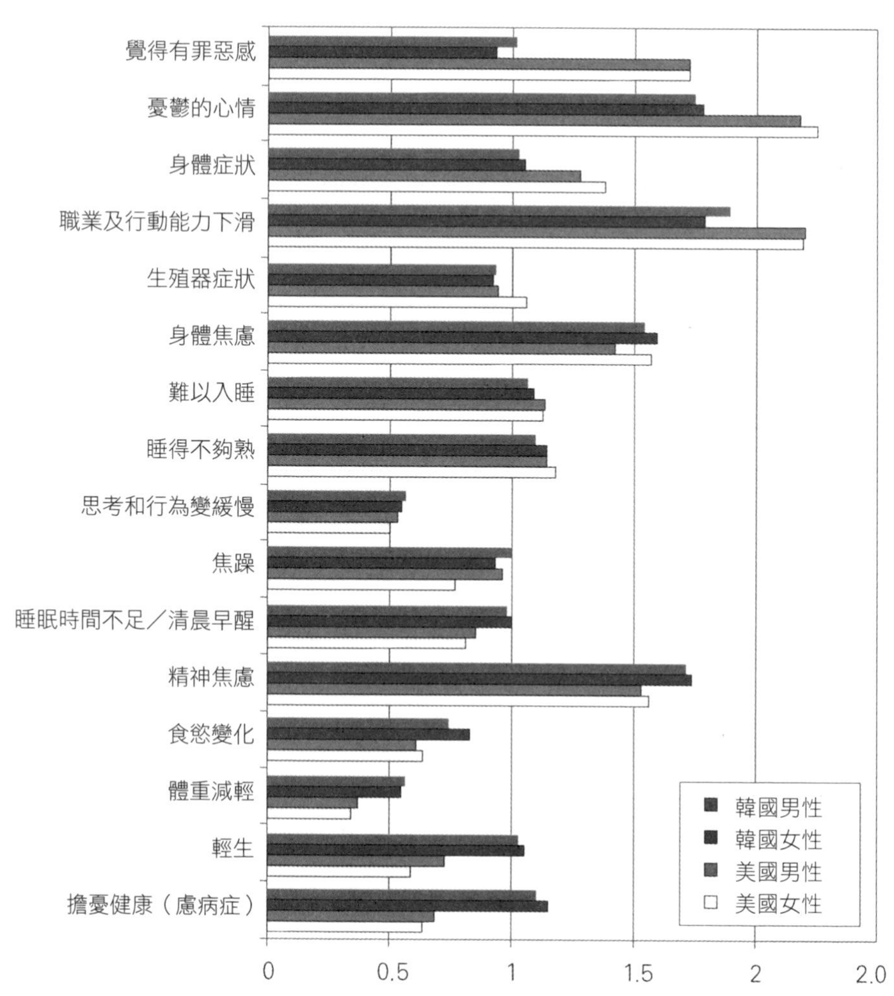

圖 1｜韓國和美國憂鬱症症狀比較圖[4]

症（melancholic depression）[5] 的比例較高，這類憂鬱症的特點是非常敏感，但是無法辨別自身的情緒（參表 1）。

表 1 | **陰霾型重鬱症和一般憂鬱症的比較**

陰霾型重鬱症	一般憂鬱症
・無法感到愉悅：「一直快樂不起來。以前讓我開心的事，現在覺得毫無意義。」 ・食慾急遽下降及體重減輕：「三個月內瘦了五到十公斤，甚至誤以為自己得了癌症或其他疾病。」 ・嚴重焦慮、焦躁、坐立不安或行動變遲緩 ・過早醒來 ・通常早晨或半夜症狀比較嚴重	・經常覺得心情憂鬱或熱情減低：「我的心情很難過，常常掉眼淚，什麼事都不想做。」 ・體重會降低，但也可能增加。多為食慾不振或暴食所致。 ・坐立不安或行動遲緩 ・輾轉難眠，半夜容易驚醒或清晨提前清醒。 ・就算睡了也覺得自己沒有睡。 ・一整天都很憂鬱。早晨的憂鬱情況不會特別明顯。

透過憂鬱症的不同症狀不難發現，韓國人有著「高敏感的特性」，並因此出現許多身體症狀。這種敏感特性從政治、經濟、社會、文化的角度來看，各有優缺點。在我看來，韓國人成功發揮高敏感優勢的方面包括：包辦女子高爾夫球賽大獎、創作出優質電影、戲劇和歌曲，以及製造高品質半導體、汽車等精密機器。但與此同時，太過敏感也衍生出不少問題，諸如屢屢發生重大社會衝突、自殺率居高不下、失眠問題普遍等。

韓國人為什麼比其他國家的人更敏感？這點我們至今還無法確切得知原因。首先，同為東亞國家的中國、日本、韓國都具有這項共同點——敏感。再加上韓國歷經過日本殖民統治、韓戰爆發……這些都內化成全民的心理創傷，我想這也是造成敏感特性的因素之一。[6]

心理創傷的起源

「心理創傷」（trauma）是指人們親身經歷或親眼目睹了真實發生或具有威脅性的死亡、嚴重的疾病，抑或是經歷了對自己及他人身體在生理上構成威脅的事件之後，心理上所受到的創傷。簡單來說就是，因精神受到打擊而引起的心理傷害。

任何人在生活中都有可能遭受意想不到的心理創傷。創傷可能來自幼年時期的生活環境、親子關係，也可能是一場車禍事故，或是一段不尋常的人際關係。每個人對心理創傷的感受程度，並非客觀，而是主觀的。根據自身主觀感受，同一件事，有人可能會覺得非同小可，有人則認為沒什麼大不了。而大部分敏感的人則是會把輕微的心理創傷放大，覺得問題非常嚴重。

有些童年時期發生的心理創傷，即使當事人長大成人後早已遺忘，仍會影響其言行舉止，並在面臨人生重大抉擇時，左右那人所下的決定。舉例來說，有人小時候曾掉進水裡差點淹死，長大後就算不記得這件事，但極有可能會抗拒學游泳，或是畏懼去海邊。也有人小時候被狗咬過，儘管只有家人知道這件事，當事人並不記得，但那人卻從小到大都不敢接近狗。

有的心理創傷則不一定非得要本人親身經歷。比方說，大部分的人看到老鼠、蛇、蜘蛛都會嚇一跳，感到恐懼，這種是人類共通的反應。雖然也有人完全不怕，但畢竟是少數。事實上，被老鼠、蛇咬過，或是蜘蛛攻擊而中毒的人很少，但為什麼仍有這麼多人害怕牠們呢？

法國針對三歲到 11 歲、總人數達 1357 名的孩童進行過一項研究，研究人員在過程中隨機展示「蛇」、「寵物」、「圓形笑臉的表情符號」等圖片，觀察孩童會對什麼產生恐懼。[7] 結果發現大部分孩子基本上都會害怕有著尖牙、呈三角形的蛇、寵物或表情符號。孩童不僅會怕蛇這樣的生物，看到尖銳的石頭也可能心生恐懼。如果把圓形笑臉改成長著尖銳三角形牙齒的表情符號，孩子們一樣同樣會顯露出害怕的情緒。

這表示人們天生就知道三角形的尖銳物品會傷害自己。神奇的是，蛇的頭部如果呈三角形的話，多半是毒蛇。而研究人員若將蛇的頭部和牙齒都畫得圓圓的，孩子就不會害怕了。儘管孩童沒有實際上受過傷害，但他們還是會懼怕這些動物的圖片或是三角形表情符號，這是不是人類長年演化的結果，恐懼已經刻在基因裡了呢？這樣一想，給小孩看的卡通主角，例如迪士尼的小熊維尼、韓國人氣動畫《淘氣小企鵝》（*Pororo the*

Little Penguin）的波露露，都是圓滾滾的形象。

我們的心理創傷可以大致分為三種：未曾經歷過且與生俱來的、親身經歷但不記得的，以及親身經歷過且記得的。我曾經研究過哪一種心理創傷最容易引發嚴重的焦慮感，也很好奇高敏人常有的「焦慮性衝擊發作」（anxiety attack，症狀包括心跳加速、呼吸急促等）與心理創傷之間的關係。「焦慮性衝擊發作」是指突然產生無法承受的嚴重焦慮感。有研究顯示，5.88%的韓國人都曾出現過這種症狀。[8] 令人驚訝的是，較之於受過嚴重心理創傷後出現焦慮性衝擊發作的人，沒有心理創傷記憶卻經歷焦慮性衝擊發作的人更容易企圖輕生。

後者會無意識地將不記得的心理創傷壓抑到潛意識之中。他們通常都不清楚自己為何會焦慮，但一直努力思索原因反而會變得更焦慮。很多個案是家人表示他們遇過重大意外事故，但本人卻毫無記憶。像這類壓抑到潛意識的記憶所引發的焦慮性衝擊發作，進而導致精神官能症的發生，與心理分析之父佛洛伊德（Sigmund Freud）的理論不謀而合。

「精神官能症」的英文是 neurosis，德文為 Neurose。精神官能症是指人的內心產生衝突，或是在調節外來精神壓力的過程中產生負擔而造成心理緊張等症狀。最終，被壓抑的心理創傷引發了精神官能症。當然了，此病的誘因並非全是心理創傷，後天因素或家族遺傳也會造成影響。而這類患者大多具有這樣的特性：個性脆弱，無法承受較大壓力，或是戰勝不了心理創傷。

一個人的記憶、心理創傷與童年經歷，對其長大成人後的憂鬱症、焦慮、敏感程度所產生的影響，一向是我很感興趣的領域，個人十分希望能將這些因素之間的相互關係研究透徹。我們雖然可以透過問卷調查來一一確認有心理創傷的人，但是受訪者只會回答自己的主觀想法，無法提供客觀的數據。此外，有些人根本毫無心理創傷的記憶，其回答就更不足以採信了。因此，我們必須將心理創傷者的範圍限制為「親身經歷過，並能提出客觀證據的人」，才能得出更為精準的研究結果。結合這種研究結果與名人案例，我們就可以分析出心理創傷如何讓人們變得敏感，對於他們的人生又有什麼影響。

童年陰影——從天生外表不完美談起

童年時期的心理創傷，對成年後究竟會有什麼影響？根據現有的研究結果，我們可將童年的心理創傷分為一般心理創傷（general trauma）、肢體虐待（physical abuse）、性虐待（sexual abuse）、遺棄、情感忽視及情感虐待（neglect and emotional abuse）。成年後，童年創傷還可能進一步引發憂鬱症、焦慮症或恐慌症。[9]

在研究童年心理創傷的過程中，我認為必須與先天性顏面缺陷（congenital facial anomaly）的患者合作進行。先天性顏面缺陷是指從出生到成年動手術為止，臉部一直存在的畸形，個人十分榮幸可與一個免費治療顏面天生畸形的專業醫療團隊共同進行研究。

我接觸過的先天性顏面缺陷患者包括：小耳症（microtia）、惡性雀斑（lentigo）、血管瘤（hemangioma）、纖維瘤（fibroma）、唇顎裂（cleft lip）、咬合不正（malocclusion）、眼瞼下垂

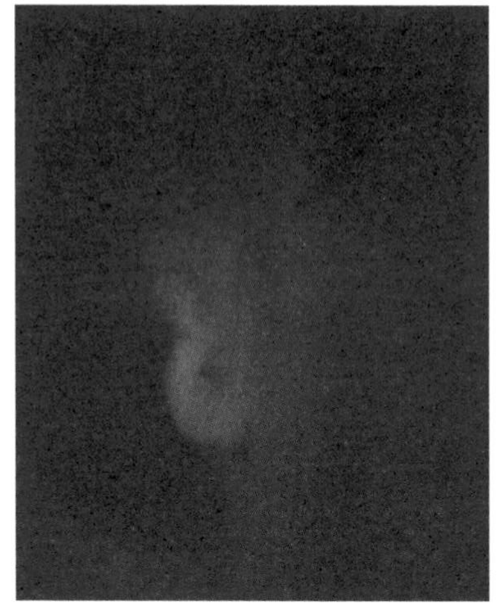

圖 2｜小耳症手術前

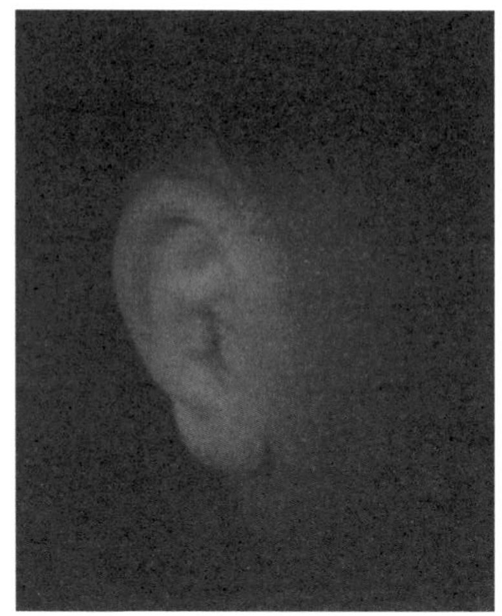

圖 3｜小耳症手術後

（blepharoptosis）等。實際見面交談後，他們皆坦言從小就因為外貌異常而備感壓力，交朋友有時也常遇到困難。其中有人是因為年紀太小無法接受手術，有的人則是等到經濟允許後才動手術。

在我看來，除了經濟因素，許多患者都應該及早做手術。與他們談過後發現，有些人可以暢談自己的經歷，也能正常與人眼神交流；但也有些人看起來很憂鬱，始終獨來獨往。前者跟普通人一樣上班、上學，而後者卻幾乎不太參加社交活動。

我設計了一個對照組，與先天性顏面缺陷患者一起進行研究。[10] 此對照組是「沒有先天性顏面缺陷，出於其他原因而接受過整形外科手術的人」。首先，他們在動手術前要先接受一次精神科的診斷，手術後再針對其精神狀態做一次評估診斷，並對前後評估結果進行比對分析。

有趣的是，先天性顏面缺陷患者中有半數以上會遮掩自己異於常人的部分，而另一半則是對自身缺陷毫不掩飾。遮掩的方式包括運用頭髮、口罩或帽子巧妙地遮住有缺陷的地方。他們從小上學、外出都這麼做，因而養成習慣。至於那些大方坦露的人基本上都是父母教育使然。他們的父母或兄弟姐妹從不介意他們的顏面缺陷，因此他們自然會大方露臉。其中有人曾試圖留長髮遮掩，但父母會把他們的頭髮剪短。就算被人取笑，他們也會大方說明自身情況，人們漸漸地也就見怪不怪了。

日常生活中會遮掩顏面異常的人，由於長期處於擔心被外人發現的憂慮之中，造成他們的性格變得敏感而尖銳。這種反覆出現的慢性心理創傷，也讓他們形成了負面的自我意象（negative self-image）。罹患憂鬱症的比例比對照組高出 7.1 倍。更容易出現慢性焦慮、自責、不滿足、慮病症、體重減輕等症狀，同時也有自我否定的傾向。因此無法好好處理人際關係，更習慣獨自一人生活。

在研究顏面異常的過程中，我遇到了權河那同學——他天生缺少右耳上方的軟骨。權同學從小就把頭髮留長，好遮住右耳。他說自己常常擔心風會把頭髮吹起，露出右耳被人看見，幸好這種情況幾乎沒有發生過。儘管如此，他還是時時提心吊膽，和朋友說話時也無法直視對方的眼睛。

權同學是在整形外科動的手術。首先，醫師用電腦檢測他正常的左耳，掌握必備數據之後，再將空氣灌入右耳使其膨脹，直到能放下軟骨。接著再取出他肋骨的一部分，按照左耳的形狀做成右耳軟骨。最後將軟骨放進右耳，再做最後調整，讓左右耳形狀一模一樣。

手術非常成功。患者兩隻耳朵的形狀毫無二致，無論是醫師、患者父母或是他本人，都看不出差別。耳朵的功能也完全正常，權河那同學非常滿意手術結果。術後，他偕同父母一起去了髮廊，把遮住右耳的頭髮剪掉，讓右耳重見天日。他上學時再也不遮掩，也沒有人會對他的耳朵指指點點。但是他跟朋友相處的時候還是不太自在，因為害羞的個性無法說變就變。一天到晚照鏡子的他，開始覺得右耳下方的部分跟左耳不太一樣。儘管父母一直跟他說看不出差異，但他還是堅持己見。最終又留長了頭髮遮住耳朵。只因他覺得這樣才能安心。

在那之後，權河那持續接受諮商和治療，最後他終於放下對右耳的執念，與朋友也能漸漸正常和睦地相處了。我們治療的方法是強制他不可以留長髮遮住耳朵，等他習慣後，就能逐漸接受將耳朵露出來的事實，進而找回自信。整個過程總共花了我們幾年的時間，才讓他重拾開朗的性格。

各位不妨想像自己是權河那，從很久以前，內心深處就藏著一個只有自己知道的創傷。心理創傷存在的時間越久，就會讓自己變得非常敏感，面對外在社會時也會充滿恐懼。唯有勇敢展露自我，接受他人的幫助，才能邁向嶄新的世界，擁有健康的心靈。

04 敏感與大腦的作用

我們的大腦是承載心靈的器官。大腦中的神經迴路裝載著人類感受到的各種情緒與想法，而數以兆計的迴路匯集之後形成了人的心靈。隨著時間流逝，那些不必要或過於久遠的迴路就會被遺忘而漸漸消失。相反的，那些一再出現的強烈心理創傷則會強化這些神經迴路，讓記憶變得更牢固。透過這種反覆經歷的過程而打造出的「高敏感大腦」，進而演變為「高敏感人」。

我們的大腦各個部位掌管著不同功能，它們各司其職、分工合作，調節著我們的敏感程度。大腦之中有個區域名為「邊緣系統」（limbic system），人稱「情緒和記憶的大腦」。它是主導記憶、情緒、學術能力、夢想、集中力、反省能力、喜怒哀樂的中樞，維持體內平衡（homeostasis），同時掌管調節人類本能的欲望，如飢餓、口渴、對藥物的依賴等。[11]

掌管短期記憶的海馬迴（hippocampus）和調節睡眠、食慾、性慾的下視丘都包含在邊緣系統內。邊緣系統和額葉（frontal lobe）相連，額葉控制著邊緣系統所產生的衝動和記憶。人類之所以和動物有顯著的不同，就在於我們有額葉幫助抑制衝動。

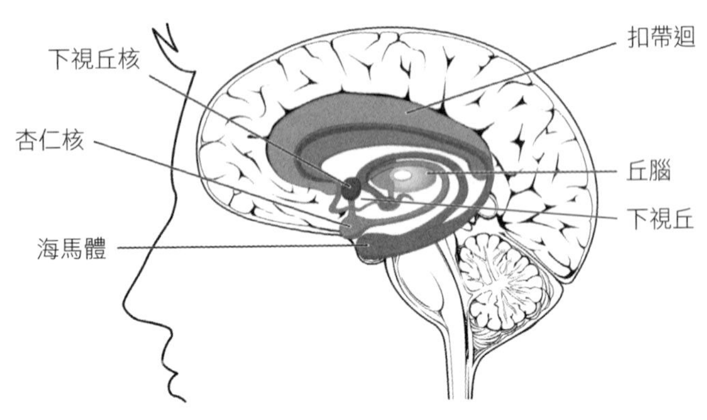

圖 4｜大腦的構造和邊緣系統

童年記憶，與額葉、邊緣系統的發展息息相關。小時候遭受虐待、被放任不管的人，額葉和邊緣系統的發展比較容易出問題。尤其小學低年級是邊緣系統（情緒中心）和額葉（理性控管中心）發育成熟的重要階段，這時期的家庭環境是維持一個人安全感的基礎關鍵。[12]

額葉掌管語言、情緒及邏輯思辨，相當於人類社會中的法院。如果邊緣系統想宣洩一些未經處理過的情緒，額葉就會努力施壓抑制。然而「酒」是維持額葉機能的頭號敵人。飲酒過量時，酒精會暫時麻痺額葉的功能，導致人的理性降低，此時邊緣系統的衝動不再受控，人就會按照本能行動。有的人一旦喝了酒，額葉的抑制功能就會迅速下滑，很容易酒後亂性。

開車發生事故時倘若沒有繫好安全帶，導致額頭撞擊車窗，額葉就很容易受傷。這時如果傷到了眼睛周遭的眶額皮質（orbitofrontal cortex），情緒起伏會變大，也會產生強烈的攻擊性。若是內側額葉皮質（medial frontal cortex）受了傷，就會對任何事都提不起勁，不處理傷口，連澡也不想洗，彷彿得了憂鬱症似的。

杏仁核（amygdala）是「學會害怕」和掌管恐懼等負面情緒的重要部位。舉例來說，當你發生重大車禍，那時的記憶會維持得非常久，這是杏仁核刺激海馬迴，將短期記憶轉變成長期記憶的緣故。杏仁核如果持續受到刺激，人會變得很敏感，不好的記憶就會更加鮮明。比方說，在打罵教育下被迫學習的人，杏仁核非但不會加強記憶，反而會因為心理創傷而變得憂鬱不安。至於自己喜歡而自動自發學習的人，就算杏仁核不產生作用，也會因專注力集中而提高了記憶的效果。

透過功能性磁振造影（fMRI）觀察腦部血液流動的研究顯示，越是敏感的人，其大腦中掌管情感的邊緣系統也會更加活躍。[13] 當然，高敏感人的大腦不可能千篇一律，但的確有一個共同點，亦即情緒比一般人豐富，對事物的感受能力也更為敏銳。

大腦神經是互相連結的，神經末端是包含血清素（serotonin）、多巴胺（dopamine）、正腎上腺素（norepinephrine）在內的各種神經傳導物質（neurotransmitter）。神經傳導物質除了含量務必充足，還必須維持穩定狀態，才能有效調節敏感情緒。這三種神經傳導物質分別負責維護情緒、欲望和集中力，唯有這些物質保持平衡，我們的心情才會安定，記憶力、專注力等認知能力也才得以正常發揮（參圖 5）。

血清素，是影響情緒最重要的一種神經傳導物質。血清素充足，人的心情就會很好，記憶力、專注力等認知能力也能向上提升，同時還能緩解緊張情緒，感到安定。反之，如果血清素濃度不足，人們就會憂鬱或焦慮，變得很敏感。但是血清素太多也不是好事。血清素的平衡遭到破壞，人就有可能鑽牛角尖、太過執著於某種想法，導致焦躁不安的症狀更加嚴重。

多巴胺是一種和「帕金森氏症」（Parkinson's disease，簡稱 PD）有關的神經傳導物質。帕金森氏症是因腦中多巴胺分泌不足，而造成手部顫抖、表情僵硬、走路不穩、步伐異常等症狀的疾病。一般人如果服用了短期內阻斷多巴胺的藥物，也可能出現類似症狀。大腦內的多巴胺濃度增加，可讓人感到快樂，動作更敏捷，因此有些運動員會為了增強體能而服用含有多巴胺的禁藥。但多巴胺濃度長期處於過高的狀態，人就會變得疑神疑鬼，像是懷疑另一半出軌，或是覺得自己的東西被偷

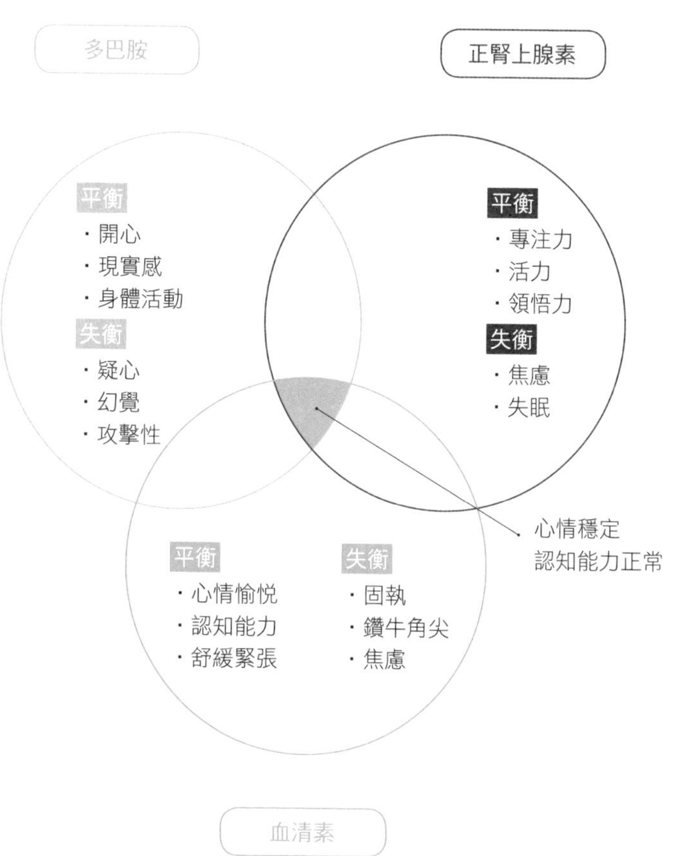

圖 5｜大腦的神經傳導物質和功能

了。此外，有人的眼神會變得異常犀利，走在路上看到路人聊天，會覺得那些人在說自己的八卦或壞話，這就是典型的關係意念（ideas of reference，又稱疑心病）。

正腎上腺素可以提升專注力與活動力，讓人心跳加快，增加心輸出量（cardiac output，每分鐘心臟向外輸出的血液量），這種感覺就像有股熱氣從心窩處衝出一般，人們會瞬間清醒並感到緊張。正腎上腺素太濃的話，過度緊張往往會造成心悸，變得更為焦慮不安，而開始失眠。而且喉嚨會覺得有東西卡住、吞不下去，也就是出現「喉嚨異物感」，這是一種精神方面的疾病，就算就醫檢查喉嚨也查不出異狀。

維持神經傳導物質的平衡，是非常重要的。神經傳導物質不足，會造成情緒低落、認知能力與活動力下降，飲食和睡眠異常，熱情與一切欲望都會降低。尤其是心思較為敏感的人，對這些變化的感受會更為深刻。

高敏人的敏感性又加劇的話，緊張、擔心、失眠等症狀都可能引發憂鬱症。但是若能憑藉自身努力找回大腦的平衡，並維持穩定的話，高敏人就會擁有會常人所沒有的觀察力，進而激發出不同的創意，同時也可能成為樂於理解、幫助他人的人。

總而言之，天生的敏感性格需要好好控制，而且最重要的是「守好防線」。就像橡皮筋一直拉扯就會斷掉一樣，必須要在橡皮筋撐到最緊繃前，適時地放鬆。憂鬱症或恐慌症發作時，人也會變得更為敏感；憂鬱症會削弱額葉的功能，恐慌症則會讓邊緣系統作用異常，導致失控。為了不讓敏感性轉變成疾病，我們可以參考其他個案，幫助自己調整狀況。

05 高敏感大腦的誕生

照片中的嬰兒（參圖 6）在看什麼、想什麼呢？他拿著一根大湯匙是想吃東西了嗎？如果要你回憶自己的童年時光，大部分人最早大概只能追溯到幼稚園或小學。雖然有人表示自己能記得更久以前的事，但大都是看到兒時的照片而想像出來的。雖然長大成人後，許多童年記憶已不復存在，但小時候與父母的關係、所經歷過的事等「被遺忘的記憶」，與成年後的行為、敏感性之間，有著密不可分的關係。[14]

嬰兒的大腦透過視覺、聽覺、味覺、嗅覺、觸覺的五感體驗，建立起一生中所需要的神經元網路。這種神經元網路可讓嬰兒開口說話、學步走路，獲得生存必需的重要基本能力；還可以增強幼兒時期的記憶，並在不知不覺中影響成年後的行為。雖然大腦神經元網路的發展，在學齡前與小學時期最為活躍，但也會一直延續到成年時期，乃至老年之後。[15]

從出生到一歲，是人類腦部發展最為活躍的時期，其中感

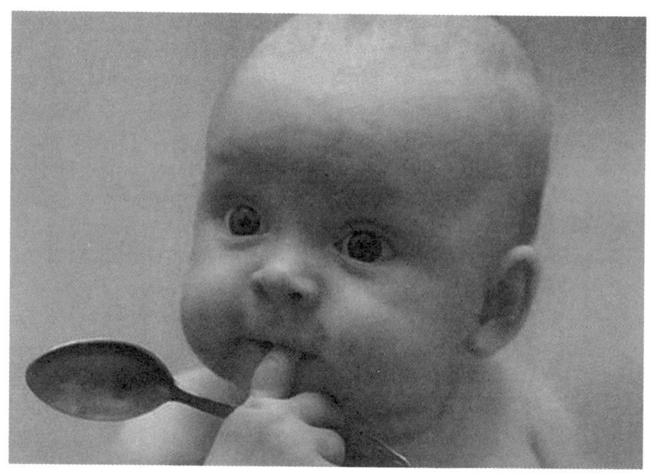

圖 6｜正在思考的嬰兒

覺神經最先發展，接著是語言神經，高級認知功能則是到小學或國中都會持續發展。下頁圖 7 顯示嬰兒從出生到一歲這段期間，依次發展感覺、語言、高級認知功能的情形。一歲是各種能力成長發育最為顯著的時期。

人類的大腦並非出生後就已經發育成熟，而是會用一生的時間來修正及轉變。步入老年後，健康大腦的海馬迴不光是生成新的神經元，還會建立新的神經元網路。[17] 舉例來說，在抗癌的過程中，接受放射線治療會使海馬迴增生神經元的功能下降，導致短期記憶衰退。

經常面對高敏人的我，非常好奇他們的腦部結構是什麼樣子。高敏人的大腦和一般人有何不同，以致表現得這麼敏感？

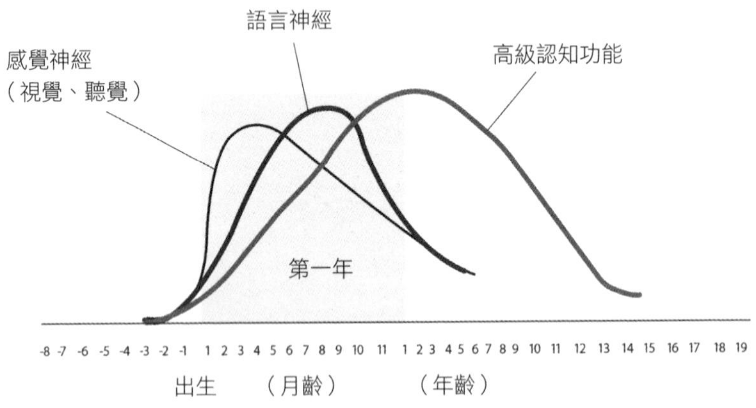

圖 7｜大腦早期發展[16]

他們小時候發展神經元網路的過程中出了什麼差錯嗎？不過進行一般腦部磁振造影（MRI）檢查後發現，高敏人與常人無異。MRI 可以精密地檢查顱內腦組織結構有無異常狀況，而結果顯示高敏人的大腦一切正常。

為了研究大腦的差異，我將患有憂鬱症的人分成有輕生念頭的重度憂鬱症患者，以及沒有輕生念頭的憂鬱症患者，並搭配一組年齡、性別皆相仿的正常人作為對照組。[18] 在研究過程中，我遇到了金美淑女士。金美淑時年 52 歲，從外表就可以看出她是高度敏感的人。她始終坐立不安，不斷地觀察周遭環境，如果和她四目相接，她就會立刻轉頭環顧左右。據說金女士每天都要到半夜兩、三點才能入睡，她總是害怕自己會不會在睡夢中過世，也很怕自己一睡不醒。

金美淑是一名家庭主婦，先生擔任公司的 CEO，育有一個正在讀法學院的兒子和上大學的女兒，家庭經濟非常寬裕。但是她的兒子無法適應法學院的環境，導致她也承受了莫大的壓力。金美淑經常觀察兒子的表情，只要兒子臉色稍微不好，她晚上就沒辦法好好睡覺。因此她並沒有好好照顧女兒，對女兒可說是漠不關心。據說女兒的個性比較像父親，性格開朗，人際關係頗佳。

問題出在有一天她的先生喝醉了很晚才到家。先生那天和以往不同，很沮喪地說著：「我可能得辭職了，公司出了一點事，我必須要負責。」聽了這番話，金美淑對先生的信任瞬間崩塌，她突然覺得自己無法呼吸，感到一陣天旋地轉、頭暈目眩，差點昏倒。她開始覺得自己活不下去了，每天待在家裡什麼事都無法做，一整天都在擔心先生和兒子，導致越來越憂鬱，甚至有了尋死的念頭。

用腦部 MRI 檢查的話，金美淑這種憂鬱症患者和對照組並沒有什麼差別。我們決定使用可以觀察大腦神經元結構的擴散張量影像（diffusion tensor imaging，簡稱 DTI）來找出她的大腦究竟出了什麼問題。透過擴散張量影像，可以觀察腦中水分子是否沿著神經元以單一方向擴散，進而確認神經元網路連結有無病變。[19]

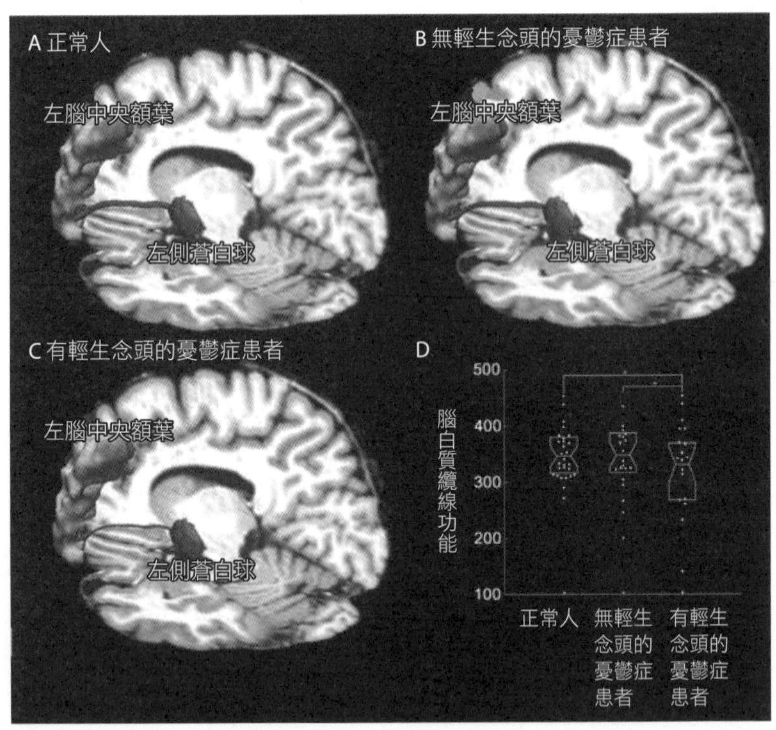

圖 8｜憂鬱症患者的擴散張量影像

觀察圖 8 可知，有輕生念頭的憂鬱症患者，大腦額葉和邊緣系統中的蒼白球（pallidum）之間，神經系統連結較為薄弱。反之，輕度憂鬱症患者則與一般人沒什麼差異。[20] 我們可以據此推測，額葉無法有效調節邊緣系統內產生的自殺衝動和敏感性。憂鬱症會讓額葉功能降低，對敏感的調節功能進而失效。

金美淑是家中長女，有一個弟弟，而她的母親也是高度敏感的人。金美淑的母親外表看似很有教養，但從金美淑小時候開始就會私下嚴厲管教責罰，對金美淑來說，她幾乎沒有得到媽媽的關愛。她常常因為犯了一點小錯而挨罵，即使弟弟不好好念書或做錯了事，挨打受罰的也是金美淑。因此，她從小到大都活得提心吊膽，小心翼翼。結婚之後，雖然脫離了母親，但是因為童年記憶之故，只要先生或兒子臉色稍微不好，金美淑就會不自覺地敏感焦慮起來。

腦源性神經營養因子（brain-derived neurotrophic factor，簡稱 BDNF）是大腦中負責促進產生新神經元的一種主要蛋白質，可以幫助神經元生長，也能修復損傷的腦神經。如果兒時反覆經歷心理創傷，大腦中負責辨識威脅和危險的杏仁核會變得敏感，刺激到處理威脅的交感神經系統，讓人長期陷入緊張狀態，這種現象稱為「威脅反應」（threat response）。這時體內生成的腎上腺皮質激素（adrenal cortical hormone）會逐漸增加，長此以往就會危害神經迴路的形成。[21]

這裡值得一提的是「恐懼類化」（fear generalization）。因為過去有過心理創傷，導致患者對於日常生活中的一般經歷、事件、人際關係，都會感到恐懼，因而容易產生威脅反應。[22] 金美淑總是擔心著每件事，並想到最壞的結果。比方說開車時就會想著會不會被後方來車追撞、旁邊的車子會不會偏離車道撞上來、行人會不會突然衝到馬路上，甚至擔心車子會不會突然煞不了車，沒完沒了的擔憂，導致開車變成了她的負擔和壓力來源。

最後金美淑再也承受不了這些壓力而得了憂鬱症。患病之後，她每天失眠，老是覺得：「如果什麼事都沒做就去睡覺的話，就像犯了錯一樣，這種焦慮感讓我輾轉難眠，非得到半夜兩、三點才能勉強闔眼。」金美淑長期緊張和焦慮的心情也影響了兒子，她的兒子在考試前往往會過於緊張，上了考場腦筋一片空白。

我希望金美淑回想她做什麼事能讓自己感到最為放鬆，不再敏感。此時她腦中浮現的是和女兒在一起時最為輕鬆自在。在金家，女兒是最沒有負擔，也最能正常過生活的人。她的女兒欣然決定每個週末都和媽媽一起看場電影和逛超市；讓媽媽至少可以在週末暫時拋開先生和兒子的事，專心享受和自己一起的時光。在那之後，金美淑持續尋找能讓自己放鬆的事情，不知不覺中，她不僅重拾專業，還開始彈起了鋼琴，也會和女兒一起去做皮拉提斯（pilates）。

先生和兒子也因為金美淑不再時時關注自己，而自在許多。我也勸金美淑跟他們聊一些別的話題，不要一味地討論升遷或成績。如此一來，先生離職之後心情反而更放鬆，還可以跟金美淑一起去旅行。而美淑曾經最不關心的女兒則變成了照顧憂鬱媽媽的中堅力量，多虧女兒，金美淑開始審視自己，也找回了自我。

後來，金美淑與自己的母親生平第一次聊起了兒時的點滴。其實，金美淑的母親完全沒意識到自己的女兒這麼痛苦。仔細想想，就像金美淑也不覺得自己給先生和兒子帶來困擾一樣，金美淑的母親也以為自己只是對女兒要求嚴格而已。

兒時經歷與親子關係，會影響一個人一生的敏感程度。當然，並不是童年沒有建立良好的關係，人生就注定會失敗。我們的大腦可以透過現在的美好記憶，生成新的神經迴路，修復治癒過去留下的傷痕。只不過需要有足夠的時間和努力，去找到能讓自己紓壓的人事物。如果你的工作、另一半、異性朋友、愛看的書或是精神科醫師能讓你放輕鬆，對你就是很大的幫助。金美淑就是在女兒的幫忙之下，不僅降低了自己的敏感性，同時也幫助了其他家人。

PART・2

成功把敏感
變成優勢的名人

賈伯斯的密集恐懼症

《華爾街日報》（*The Wall Street Journal*）曾報導過蘋果公司前執行長史蒂夫・賈伯斯（Steve Jobs）患有鈕扣（button）恐懼症（koumpounophobia）。[1] [2] 這種心理疾病屬於密集恐懼症（trypophobia）的一種，患者只要看到類似鈕釦、按鈕的圓形物品或孔洞，就會非常害怕；倘若看到圓形物體表面布滿凹陷小洞，就會渾身不對勁。如果小洞中還有圓形物體的話，他們甚至會驚恐到顫慄不止。所以說，這類患者一看到表面有洞的鈕扣、花朵中間有圓形葵盤的向日葵、切面有孔狀小洞的絲瓜瓤，或是看到皮膚坑坑疤疤、凹凸不平的人，都會感到恐懼襲來。

在賈伯斯發明 iPhone 蘋果手機前，市面上絕大多數手機的機體下半部都布滿各種按鍵，如黑莓手機（BlackBerry）。而以觸控代替按鍵，從而掀起智慧型手機大革命的第一人就是賈伯斯。在他介紹 iPhone 的知名影片中，可見賈伯斯詳細說明為何要捨棄按鍵、簡化當時流行的手機介面，以及打造出智慧型手機的原因。而且影片中的賈伯斯身穿沒有任何鈕釦的圓領T 恤。我們常說，越重要的場合就月能看出一個人的性格取向，從賈伯斯在重要發表會上所選擇的服裝，便反映了其個性的某個面向（參圖 9）。

我一直很好奇像賈伯斯這樣的天才，為什麼會罹患密集恐懼症？其實並非無跡可循。我們先來重溫賈伯斯 2005 年在史丹佛大學畢業典禮上的演說吧。[3] 他當年的那段演說，讓許多觀眾深受感動，YouTube 影片觀看次數累積高達 3400 萬，他本人在演說中從容地談到兒時所經歷的創傷與衝擊。

2005 年賈伯斯於史丹佛大學的畢業典禮演講詞（節錄）

首先，我要談談那些串起我人生點點滴滴的故事。我在里德學院只讀了六個月就休學，卻又旁聽了約 18 個月才離校。那麼，我為什麼要休學？故事得從我出生前談起，我的親生母親是名年輕未婚的大學研究生，她決定讓別人收養我。而且她堅持領養者必須至少有大學學歷，所以安排好一切，要讓一對律師夫婦領養我。但是當我出生後，那對夫妻在最後一刻反悔了，他們想領養的是女孩。所以，當時排在候補名單上的我的養父母，半夜裡接到一通電話：「有一個意外出生的男孩，你們要領養他嗎？」他們回答：「當然要。」後來，我的生母發現，我的養母沒有大學畢業，我的養父甚至連高中都沒畢業，於是拒絕在最後的收養

圖 9｜史蒂夫・賈伯斯

> 文件上簽字。幾個月後，我的養父母承諾將來一定讓我上大學，這時她才同意簽字。
>
> 17 年後，我真的上了大學。但是，當時我無知地選了一所學費幾乎跟史丹佛一樣貴的大學，我的藍領階層父母把所有積蓄都花在我的學費上。六個月後，我看不出念大學有何價值，我不知道這輩子要做什麼，也不知道念大學能對我有什麼幫助。更何況為了供我上大學，父母花光了畢生積蓄。所以，我決定休學，相信船到橋頭自然直。
>
> 當時這個決定看來相當可怕，可是回過頭來看，卻是我這輩子做過最好的決定之一。休學之後，我再也不用上沒興趣的必修課，而是可以去旁聽那些我有興趣的課。

賈伯斯的親生母親喬安・凱羅・席貝爾（Joanne Carole Schieble）是未婚媽媽，其母在非常虔誠的天主教家庭中長大。席貝爾在威斯康辛大學攻讀研究所時，遇到了賈斯伯的生父、來自敘利亞的阿卜杜拉法塔赫・詹達利（Abdulfattah Jandali），兩人墜入愛河。詹達利當時在威斯康辛大學政治系當助教，與還是學生的席貝爾交往。儘管兩人有了愛的結晶，但席貝爾的父親聲稱女兒如果跟詹達利結婚，就要斷絕父女關係。由於席貝爾的父親堅決反對，兩人無法結婚而決定將小孩送給他人領養。席貝爾離開了威斯康辛，搬到舊金山生活並生下了賈伯斯。將兒子送人後，席貝爾與詹達利此生再也沒有見過賈伯斯一面。

恐懼症、慢性焦慮、憂鬱症、精神官能症等，通常與患者小時候的心理創傷有關。[4] 賈伯斯的密集恐懼症，很有可能是因為被拋棄的自我否定而生的憤怒與恐懼，讓他對象徵母愛的圓形物體，產生了深切的恐懼。

> 小時候，有人對我說我是被親生父母拋棄的，當時我哭著跑回家。而我的養父母非常真摯地注視著我：「我們是特意選擇了你的。」他們放慢速度、一字一句用力地說出了這句話。所以我一直覺得自己是特別的人，讓我有這種感覺的正是我的養父母。

賈伯斯能在公開場合侃侃而談自己的故事，足以說明他已經成功克服了童年的心理創傷，受傷的心靈獲得治癒。也許正因如此，他才能創造出改變世界的 iPhone。他的成功，不僅是源於自身的天賦、美國社會的包容力及對創造力的尊重，養父母也功不可沒，他們為了增強賈伯斯的自信，付出了深切的努力和深厚的愛。

有時我不禁會想，如果賈伯斯生在韓國會怎麼樣？被貼上未婚媽媽之子、大學中輟的標籤，人們還會認可他的天賦嗎？而他的恐懼和憤怒，有機會昇華為無限創意的靈感來源嗎？

02 牛頓的高敏感性格

舉世聞名的物理學家艾薩克・牛頓（Isaac Newton，1642～1727，參圖 10）說過：「站在巨人的肩膀上可以看得更遠。」（Stand on the shoulders of giants.）在 Google Scholar（谷歌學術搜索，簡稱 GS）搜尋後，可見欄目下方寫著這句名言。而牛頓也因為「蘋果樹的故事」聞名遐邇。有一天，牛頓和朋友威廉・斯圖凱利（William Stukeley）正在蘋果樹下喝茶，牛頓看著從樹上掉下來的蘋果，萌生了此疑問：「為什麼蘋果不是往上或往兩邊，而是往下掉呢？」結果後來發現了萬有引力定律。

但鮮少有人知道，身為科學巨擘的牛頓，其實也是高度敏感的人。1642 年，牛頓出生於英國林肯郡伍爾索普莊園（Woolsthorpe Manor）的一個農民家庭。牛頓是早產兒，在他出世前三個月父親便過世了。在他三歲的時候，母親漢娜與一名名為史密斯的牧師再婚，當時漢娜年約 30 歲，但史密斯已

圖 10｜艾薩克・牛頓

經 63 歲。母親再婚之後，牛頓是由外祖父母撫養長大的。

牛頓從小雙手就非常靈巧。據說小學畢業時，他就能做出可正常運轉的風車，但有個小孩嫉妒牛頓的才華，拿石頭把風車砸壞了。牛頓為此非常生氣，狠狠地揍了那個小孩一頓。牛頓就讀劍橋大學期間也發明了一種手提燈籠，方便劍橋大學學生在清晨天色昏暗去上學的途中照路。

牛頓的中學校長斯托克（Henry Stokes）很看重牛頓的天賦，希望其母漢娜能讓牛頓上大學。漢娜原本不願意，但後來在斯托克校長的勸說下同意了。牛頓也得以進入劍橋大學三一學院（Trinity College, Cambridge）就讀。但後來英國爆發了黑死病[5]，造成全國十萬人喪生，三一學院中也有人染病身亡，因此牛頓不得不離開學校，返鄉繼續專注於他所熱愛的研究。再次回到劍橋時，牛頓出任數學系教授，創立了微積分，提出力學三大運動定律和萬有引力定律，也發現了運用稜鏡分析的光學理論。

牛頓分別於 1693 年和 1703 年罹患了兩次嚴重的神經衰弱。罹病期間，牛頓無法睡覺也吃不下飯，出現了憂鬱症和偏執症的症狀。他把自己孤立起來，不去相信任何人。牛頓終生未娶，在劍橋大學的推薦下曾當上國會議員，但他個性比較安靜，一直不太能適應國會議員的身分。坊間流傳，他在擔任國會議員的那一年，在議會唯一說過的話就是對警衛說：「請把門關上。」

牛頓的名言眾多， 其中一句是：「我不知道世人會怎麼看我，但對我而言，我只不過是像個小男孩似的，在海邊嬉戲時因為偶然撿到了一顆特別光滑的石頭或一個格外漂亮的貝殼而欣喜不已，但對於我面前那片真理的汪洋大海，我仍一無所知。」

這不正是牛頓身世的寫照嗎？他既是從未見過父親的遺腹子，三歲時又不得不與母親分開，想必小時候的他曾經獨自在庭院裡尋找好看的石頭。雖然心理創傷和敏感性格，讓他飽受憂鬱症和神經衰弱折磨，但同時也讓他在不受父母及他人的干涉之下，發揮自身的創造力和想像力，而且最終也成功克服了神經衰弱。

如果斯托克校長沒有看出牛頓的才華，並幫助他得以接受正規教育，牛頓的創造力可能就只能停留在撿石頭和找貝殼上了。如果牛頓的母親專斷獨行，不讓他上大學，而是要他安分當個農夫，牛頓也絕對沒有機會發揮自己的才能。

03 邱吉爾與黑狗

溫斯頓・邱吉爾（Sir Winston Leonard Spencer-Churchill）是英國第 61 任及 63 任首相（參圖 11）。第二次世界大戰時，邱吉爾以卓越的領導能力，與羅斯福、史達林等強國政治領袖周旋，引領英國迎來二戰的最終勝利。邱吉爾曾公開表示自己患有憂鬱症，畢生都在努力地戰勝病魔，他還稱自己的憂鬱症為「黑狗」（black dog）。邱吉爾留下了一句關於憂鬱症的名言：「如果你身陷地獄，繼續走不要停。」（If you're going through hell, keep going.）

邱吉爾的父親藍道夫・邱吉爾（Lord Randolph Henry Spencer-Churchill）是英國名門望族邱吉爾公爵家族的第八代，母親則是美國著名金融大亨隆納德・傑羅姆（Leonard Jerome）的女兒。邱吉爾是七個半月就出生的早產兒，小時候因為拉丁語和希臘語考不好而時常被父親責罰。學校老師也大多給予負面評語：「品性不好，不值得信賴，沒有熱情和上進心，經常

圖 11｜溫斯頓・邱吉爾（右）

和同學起爭執，習慣性遲到，時常忘記帶學習用品，頭腦也不聰明」。

其父藍道夫 37 歲時就當上下議院領袖（Leader of the House of Commons）及財政大臣，但卻因為梅毒併發症導致罹患精神疾病，在 45 歲離世。母親珍妮（Jennie）活躍於倫敦社交圈，花邊新聞不斷。珍妮在先生過世後，嫁給了比自己小 20 歲的蘇格蘭衛隊（Scots Guards）上尉。

邱吉爾在重考三次後，終於成功進入桑赫特斯皇家軍事學院（Royal Military Academy Sandhurst，簡稱 RMAS））就讀，畢業後擔任戰地記者。1899 年至 1902 年間，南非的荷蘭裔波爾人和英國人因為鑽石及黃金而引起波爾戰爭，邱吉爾參戰後不幸被敵軍俘虜。但是他不但搶奪了火車頭救了許多傷患，還鑽開俘虜集中營的牆壁，步行了 480 公里後成功逃脫。這段經歷簡直是好萊塢電影才拍得出來的冒險故事，他本人也很快就變成「國民英雄」。邱吉爾憑藉卓越的軍事能力與文字功力，成為一名走遍戰場、觀點犀利的戰地記者，逐漸受到全世界的矚目，並以 25 歲之齡當選英國下議院議員，而後被任命為財政大臣，最後當上了首相。

英國精神科醫師暨心理學家安東尼・斯托爾（Anthony Storr）根據邱吉爾的黑狗理論寫了一本名為《邱吉爾的黑狗——憂鬱症及人類心靈的其他現象》（*Churchill's Black Dog and Other Phenomena of the Human Mind*）的書。[6] 斯托爾在書中提到邱吉爾在 1930 年代、1945 年和 1955 年都飽受憂鬱症所苦。邱吉爾的朋友比弗布魯克男爵（Beaverbrook）也曾說過，他經常上一秒還自信滿滿、態度平和，但轉瞬間就心情跌落谷底，陷入重度憂鬱。邱吉爾的父親藍道夫的憂鬱症也曾反覆發作，還患有神經性梅毒（neurosyphilis）導致病情更加嚴重。邱吉爾在給妻子克萊門汀（Clementine）的信中寫過這樣一句話：「如果我的黑狗回來了，我想這傢伙可能對我還有點用處。」（I think this man might be useful to me －if my black dog returns.）每當憂鬱症發作時，邱吉爾總會靠著寫作或作畫來克服。他為什麼會說憂鬱症可能對他有用呢？我想是因為憂鬱症可以他讓陷入深度思考，進而寫出更多精彩文章的關係吧。

邱吉爾為了克服先天的憂鬱症基因，開啟了昇華、幽默等心理防衛機制。他晚年時內心完全崩潰而讀不下任何書，也沒辦法再寫任何文字。試想原本習慣利用書寫來尋找「脫下面具」自我的人，突然一個字都寫不出來時，那種痛苦與不幸的程度恐非常人所能想像。[7]

1953 年，邱吉爾靠著《第二次世界大戰回憶錄》（*The Second World War*）一書榮獲諾貝爾文學獎，他是於 1946 年卸下首相職務後開始撰寫該書。1951 年，邱吉爾再次出任首相。這本書詳細論述了第二次世界大戰開打的原因與今後全世界所面臨的問題。書中指出二戰開打雖然主要是希特勒的納粹德國擴張政策所致，但是英國、法國的政客也脫不了關係。邱吉爾批判這些政客在戰爭開始前，明知德國準備開戰，卻一心只想獲得選票，而顧著製造和平的假象讓人民安心。

每當邱吉爾憂鬱或敏感發作時，他就會透過寫字和畫畫來自我調節，讓憂鬱症成為刺激他深度思考、增強創造力和觀察力的動力。我也認為，邱吉爾象徵性地稱呼自己的憂鬱症為「黑狗」並公告周知，或許這就是他能戰勝憂鬱症，達成偉大貢獻的原因吧？

舒曼的創意與神經衰弱

羅伯特・舒曼（Robert Schumann）是德國著名的浪漫主義作曲家、鋼琴演奏家及音樂評論家，他的作品獨具特色，而他與克拉拉之間狂熱的愛情故事也為世人津津樂道（參圖 12）。韓劇《冬季戀歌》的配樂改編自舒曼鋼琴套曲《兒時情景》中的第七首——《夢幻曲》[8]，只要音樂一響起，相信就能讓人立刻聯想到畫面。現在就一邊聽著舒曼的《夢幻曲》和《降 E 大調鋼琴五重奏，作品 44》，邊讀下面的文字吧。相信各位可以沉浸在舒曼的優美旋律中，感到心情平和，內心洋溢柔和的感性。

舒曼一生創作的作品中，最優美也最為人所知的當屬《降 E 大調鋼琴五重奏》[9]。該曲也是鋼琴五重奏的開山之作，豐富輕快的曲子讓本已漸行漸遠的舒曼夫妻和好如初。《降 E 大調鋼琴五重奏》是於 1842 年、即舒曼患有嚴重憂鬱症的兩年前創作而成，他將此曲獻給了妻子克拉拉，交由克拉拉首度公

圖 12｜舒曼（上）、
克拉拉（中）、
布拉姆斯（下）

開演奏。

舒曼的父親是一名作家兼出版社老闆，年幼的舒曼開始嘗試作曲時，他就積極地為舒曼創造良好的學習環境。常隨著父親去聽音樂會的舒曼也立下了成為鋼琴家的志願。但在舒曼 16 歲那年，隨著父親過世，家中經濟隨即陷入困境，無法再讓他繼續學習音樂。舒曼的母親為了家計及兒子的未來著想，決定送舒曼去萊比錫大學念法律，但這並不能澆熄舒曼對音樂的熱情。舒曼當時也因出色的外表而獲得許多女性青睞。

後來，舒曼拜入了當時萊比錫最有名的鋼琴老師菲德列克・維克（Friedrich Wieck）門下，且為專心習琴而直接寄宿在維克家中。維克有一個小女兒就是克拉拉。維克堅信只要嚴格訓練女兒成為知名鋼琴家，自然就能功成名就。克拉拉雖以「音樂神童」之姿廣為人知，但據說除了鋼琴演奏之外，她並不擅長表達自我的想法。

克拉拉與聰明又身兼演奏家和作曲家身分的舒曼漸漸產生了感情。舒曼當時因練琴過度，導致右手無名指受了重傷。維克堅決反對克拉拉與家境不好、前途不明且手指又有問題的舒曼結婚。舒曼後來與弗利肯男爵（Baron von Fricken）的養女艾妮絲汀（Ernestine）訂婚之後，克拉拉非常嫉妒，而最終舒曼仍是解除了婚約。

克拉拉打算滿 18 歲就與舒曼結婚，但由於父親強烈的反對，雙方甚至對簿公堂長達三年。直到 1840 年，克拉拉 21 歲生日前一天兩人才順利成婚。婚後三年，維克寫信給女兒和女婿表示原諒並成全。歷經千辛萬苦後，傑出作曲家舒曼和天才演奏家克拉拉終成眷屬。

此後，舒曼創作傑出的曲目，配上克拉拉的琴藝，夫妻兩人的名氣越來越大。1843 年，他們獲萊比錫音樂學院聘為教授。但這對夫妻又遇到了極大的試煉，那就是舒曼得了躁鬱症（bipolar disorder，又稱雙向情緒障礙症）。躁鬱症是一種情緒起伏過當的疾病，患者會出現情緒過度高昂的躁症，或是情緒低落的鬱症，病情反反覆覆。躁鬱症讓舒曼陷入了嚴重憂鬱，無法自拔。

舒曼在與克拉拉結婚後，1840 年和 1849 年創作能量豐沛，曾在一年內創作 20 多首曲子。但是 1844 年時卻一首曲子都沒有完成。這一年的舒曼處於「神經衰弱」（nervous prostration）時期，因為重度憂鬱症，整個人呈現高度敏感狀態。

深受憂鬱症、妄想、幻聽等症狀困擾的舒曼，在 1853 年 11 月卸下杜塞道夫管弦樂團指揮的職位，但光靠克拉拉的收入卻無法養活 7 個孩子，也付不出舒曼的醫療費用。這時著名的布拉姆斯出現在他們的生活中，舒曼非常讚賞布拉姆斯的作品。當時布拉姆斯比舒曼小 23 歲，比克拉拉小 14 歲，相當年輕。

舒曼的躁鬱症越來越嚴重。1854 年，舒曼光著腳跑出了家門，跳進萊茵河打算自盡。幸好被經過漁船發現而挽回一命。不想再成為家人負擔的舒曼，選擇住進了波昂的安德尼西療養院，於 1856 年 7 月 29 日與世長辭。

克拉拉在舒曼過世後，靠著演奏舒曼及布拉姆斯的作品度過長達 40 多年的歲月。布拉姆斯也一直照顧著克拉拉及其兒女，終生未娶。克拉拉曾經婉拒布拉姆斯對她的愛，她希望這一生的身分都是舒曼的妻子。克拉拉於 1896 年逝世，布拉姆斯也於隔年撒手人寰。

舒曼生平創作了多首曲子，最著名的作品卻是在他創作最低潮的憂鬱症時期完成的。多產時期的舒曼，情緒比較高昂，此一特色似乎也如實反映在他的作品中。根據我的推測，舒曼可能是因為克拉拉的支持，才得以將起伏極不穩定的情緒轉變為創造的靈感，進而寫出這麼多優秀的作品。

老虎伍茲與易普症

易普症（Yips）最早是指高爾夫選手在揮桿時，因為太害怕失敗而產生焦慮、呼吸急促、手部痙攣的現象。不只高爾夫球，足球、棒球、籃球、網球、射箭等運動賽事的選手都可能出現這種疾病。在足球比賽中，常有選手會在球門前面毫無來由地把球踢向天空，我想這應該也算是易普症的一種吧。

易普症造成運動員極大的傷害，導致許多人不得不提早結束運動生涯。患者在處理平時輕易就能成功的短桿或推桿時，會突然全身僵硬，腦中一片空白導致失誤。而創造並普及「易普症」這個名詞的人是蘇格蘭傳奇高爾夫名將湯米・阿摩爾（Tommy Armour）。[10]

老虎伍茲（Tiger Woods）從小接受父親厄爾・伍茲（Earl Woods）的嚴格訓練，業餘期間便在大小賽事中嶄露頭角，1996 年正式轉為職業選手（參圖 13）。他轉戰職業舞台後，第一年參加 PGA 巡迴賽（PGA Tour，美國職業高爾夫巡迴賽）

圖 13｜老虎伍茲

就拿下兩勝，自此之後則是連年獲得冠軍。1999 年取得 8 勝，2000 年 9 勝，2000 年至 2009 年的十年間，總共獲得了 56 場勝利。但老虎伍茲的精神支柱，也就是他的父親厄爾在 2006 年因前列腺癌過世。

已是世界級高球明星的老虎伍茲在 2009 年 11 月底爆發驚人醜聞後，歷經了一番極大的試煉。他在那段艱難的日子裡罹患了易普症，在果嶺邊短切時經常發生不可思議的失誤。對此，其教練漢克・哈尼（Hank Haney）表示老虎伍茲因為媒體輿論的批判感到極大的壓力，一開始可能只是單純的失誤，後來就演變成易普症了。他自 2008 年獲得美國公開賽冠軍後，時隔 11 年才再次於 PGA 美國名人賽奪冠。

我們的心靈與身體有著密不可分的關係。連世界級選手也會因為擔心失敗而焦慮不安，導致揮桿時肌肉出現異常。一般人一旦緊張起來，更加無法順利進行高爾夫這類的運動，也會很容易受傷。

有些人會出現和易普症類似的症狀，如果自己寫字時有旁人注視的話，連拿筆寫字都有困難。這種情況可叫做「寫字恐懼症」，但目前還沒有正式的病名。有此症狀的人，如果是獨自一人，或是與相處融洽的人在一起的話，下筆就會順暢無礙；但倘若是在公開場合簽約或簽署同意書的時候就會倍感痛苦。有時候還會用不常用的手遮掩寫出的字，總之寫得非常艱難。在容易焦慮、有恐慌症的高敏人身上，這種現象經常發生。

易普症與對失敗的焦慮，兩者密切相關。想要降低失敗率，就應該盡量以平常心面對並享受自己所要做的事。韓國醫學院流傳著一句話：「認真的學生拚不過聰明的學生，聰明的學生拚不過運氣好的學生，運氣好的學生拚不過愉快享受學習的學生。」那要怎麼做才能愉快享受學習及運動呢？

想要降低害怕失敗的焦慮，平時就要避免做會引起緊張情緒的行為。而他人的焦慮也可能會波及自己，尤其高敏人受到他人的影響更大。最好不要和他人產生嚴重糾紛，家庭氣氛若能時時保持和諧，會更有幫助。請記住，沒有人可以始終不敗，永遠成功。棒球選手中只有三成能出名，高爾夫選手也經常失誤。提高成功率固然重要，但訓練自己的心智也一樣重要，請讓自己在下次站上打擊區或推桿時不會受一時的失誤影響。總之，時常保有愉快的心情去做任何事，才是最大的關鍵。

PART · 3

為高敏感個案打造專屬處方

從不同個案、症狀、病名……
了解各種高敏感型；
試著找出敏感的問題源頭，
搭配專業醫師建議，
從源頭開始改善。

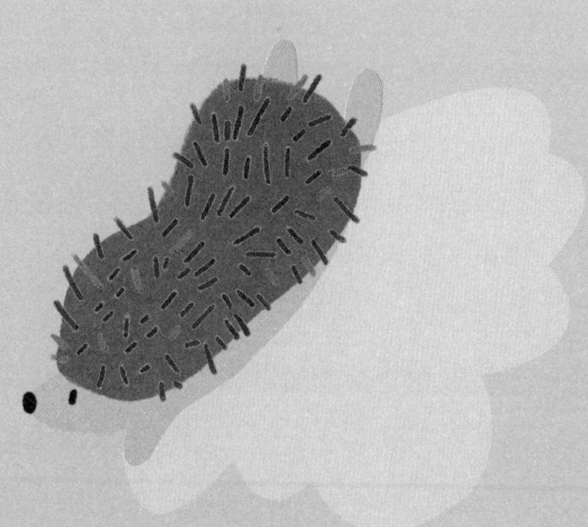

你是
高度敏感的人嗎？

現在來仔細思考何謂高度敏感的人，他們究竟是什麼樣的人？

敏感，是指對外部刺激反應非常敏銳且激烈的氣質與性格。譬如，稍微有一點點聲音就睡不著覺、聽到有點刺耳的話就會很生氣等。如同前文提過艾融博士為高敏感人（HSP）所下的定義，她也表示高敏感人的比例約占總人口的 15%～20%。

高敏感人並非一定是精神方面出了問題，任何人都有敏感的時候，也有可能在遭遇困難之後變得敏感。但是敏感程度若是越來越嚴重，就容易引發精神或心理方面的疾病。韓國保健福祉部與三星首爾醫院合作的「2016 年度精神疾病實況調查」結果顯示，韓國每四人中至少有一人曾患有精神方面的問題。每七人中就有一人以上曾患有重度憂鬱或焦慮，並影響到正常的生活。不過至今尚無全國性的研究調查，足以推算出韓國高敏感人的總數。

事實上，即便是高敏感人，仍有文化上的差異。以韓國而言，家庭關係對個人的影響很大，韓國人相當在意他人的評價、經常與他人比較等方面，都與西方人大相逕庭。Part 2 會以韓國高敏感個案為例，和大家共同來探討。

請各位透過下頁的題目來自我評估，看看你是不是高度敏感的人（參表 2）。

結果如何呢？你覺得自己是高敏感人嗎？

人類的身體為了應付危險，生來就具有一種緊急應變系統，稱為「自律神經系統」（autonomic nervous system，簡稱 ANS），又稱自主神經，負責維持心跳、呼吸、消化器官等機能，雖然可藉由中樞神經系統調節，但大部分是自主運作。自律神經又分為交感神經（sympathetic）與副交感神經（parasympathetic）。交感神經是陷入危急狀況時，可以使人迅速做出反應；副交感神經則是儲存能量以因應緊急情況。人們感到緊張或受到驚嚇時，會透過交感神經啟動緊急應變系統，導致心跳加速、呼吸急促、出汗或肌肉收縮，刺激身體和大腦的腎上腺素分泌增加。

人體的緊急應變系統如果長期啟動、對不重要的事也保持警戒的話，會對身體造成很大的負擔，因而引發憂鬱症、恐慌症發作、失眠等精神疾病。接下來將分享有親身經歷的個案接受諮商的內容與治療經過。個案內容結合了多位患者的故事，所有人名都以假名呈現，並無影射任何人。

表 2 | 高敏感程度自我檢測量表

	是	否
1. 另一半不經意的言行舉止就能惹怒你		
2. 去人多的地方會覺得煩悶		
3. 過度在意鄰居所發出的噪音		
4. 晚上難以入睡，第二天經常感到非常疲憊		
5. 不敢看驚悚電影或影集		
6. 追劇或看電影時容易落淚		
7. 時常擔心自己是不是給別人添麻煩困擾		
8. 沒辦法拒絕他人		
9. 總是擔心遙遠未來的事		
10. 擔憂自己會不會生了重病		
11. 別人常說你小心謹慎		
12. 經常確認自己是否有鎖門、關瓦斯、錢包是否還在		
13. 開車時過度擔心會不會出車禍		
14. 經常處於緊張狀態		
15. 遇到重大事件或關鍵時刻，常會拉肚子或便祕		
16. 晚上害怕獨處，必須開電視或開燈才能入睡		
17. 不太喜歡與他人四目相交		
18. 緊張時常常感到呼吸不順		
19. 情緒起伏很大		
20. 常有想死的衝動		
21. 無法停止擔心大小事		
22. 會盡量避免站在許多人面前		
23. 受不了有人討厭自己		
24. 考試、上臺報告時比平常更容易出錯		
25. 與權威人士相處會覺得不舒服		
26. 不吃藥就會焦慮不安，不知所措		
27. 家人太晚回來時會擔心是不是出了意外		
28. 總覺得另一半對自己不忠		

※28 道題目中，有 7 題以上答「是」，即代表你是「高敏感人」。

請注意，此表非正式醫療診斷結果，結果或解釋因人而異，僅供參考。

若有需要請諮詢專業醫師。

02 一看到丈夫那張臉，就忍不住發火

52 歲的金敏貞與丈夫一起來看我的門診。她的問題是最近只要一看到丈夫的臉就會忍不住發脾氣。「我實在受不了了。」這是她流著眼淚所說的第一句話，接著繼續細數：「我整天都好憂鬱也好敏感。幾乎不出門。更痛苦的是沒有人可以理解我的心情。」她重重地嘆了一口氣，表示自己最近連飯都吃不下。但是既然敏貞的丈夫願意陪她一起來醫院，可見夫妻的感情應該不是太差，那她對丈夫不滿的原因究竟為何？

「只要一看到老公那張臉，我就會想起他對不起我的那些事。」敏貞如此說道。

敏貞的丈夫是什麼樣的人呢？他原本是公務員，屆齡退休後就賦閒在家。過去是性格穩重的上班族，很體貼妻子，但是從半年前開始兩人的關係就陷入膠著，大小衝突不斷。一開始，導火線都是一些瑣碎小事。例如某個春日傍晚，兩人一起去附近的公園散步，天氣微涼，但敏貞只穿短袖單薄上衣。於是丈夫對她說：「還是春天呢，妳怎麼就開始穿短袖了？小心感冒。」敏貞覺得丈夫故意找碴，正想回嘴時，有位女性鄰居剛好路過打了招呼：「您好，好久不見！」先生因此轉而跟鄰居說話，敏貞看到自家老公對其他女性態度親切，卻對自己沒半句好話，忍不住發了一頓脾氣。

那天晚上睡覺時，敏貞躺在床上鬱悶不已，但身旁的丈夫則毫無所悉地呼呼大睡，氣得敏貞想用力甩他一個耳光。而丈夫白天無視自己的存在、跟女鄰居寒暄這件事，突然讓敏貞想起 20 年前的往事。當年他與同部門的女同事搞外遇。

忍無可忍的敏貞搖醒了熟睡的丈夫，卻只聽到他不耐煩地說：「搞什麼啊？」於是，敏貞再也無法克制情緒，一邊哭，一邊翻起三年前、十年前、甚至是 20 年前的舊帳，將不滿一股腦地宣洩出來。在那之後，敏貞時不時會出現上述情形，時間長達半年之久，丈夫為此疲憊不堪。兩人目前還談到了是否要「卒婚」[1]。

醫師建議

人類的記憶非常奇妙。剛剛聽到或看到的事物，大部分很快就會忘記。請回想兩星期前跟朋友見面聊天的內容，你能記

---

1 源自日本的一種婚姻型態，表示從婚姻中畢業，但不等於離婚，夫妻不解除法律上的配偶關係，但實際上各自生活，互不干涉。

得多少呢？多數人只會記得自己跟朋友確實有約，但聊天內容的細節早就忘得差不多了。然而，人們卻不會忘記很久以前出車禍受傷的記憶，只要路過事發地點就會馬上想起來。還有曾經跟自己發生劇烈爭吵的人，就算翻臉後連一通電話都沒打過，過了數十年後仍然不會忘記對方的臉。為什麼會這樣呢？

我們的大腦擁有一種很奇特的能力，姑且稱之為「忘卻的能力」吧。記憶力卓越的人不僅成績好，頭腦也很棒，這一切看似完美，但其實也會在生活中造成諸多不便。高度敏感的人會不自覺地強化「大腦的記憶」中「焦慮不安」的部分。但是過往的記憶未必準確無誤，當下感受到的焦慮情緒會替這部分的記憶「加油添醋」，導致感受更為強烈。就像敏貞一想到丈夫過去出過軌，在當下感受催化之下，導致丈夫在她心裡成了不折不扣的渣男。

根據國際學術期刊《自然》（*Nature*）的一篇論文，大腦的邊緣系統對於恐怖、焦慮的記憶，扮演著重要的角色。[1] 邊緣系統可以連結現在與過去的記憶，人在焦慮不安時，身體會產生一種名為皮質醇（cortisol）的激素，又稱壓力賀爾蒙。皮質醇會降低人的認知功能，妨礙人們回想起久遠的記憶。[2] 我以前所屬的研究團隊曾經針對 164 名憂鬱症患者，進行了為期 12 星期的研究，結果顯示：只要憂鬱、焦慮的情況好轉，記憶力自然也會變好。[3] 也就是說，因壓力大而覺得憂鬱、焦慮的時候，人類的記憶不會完全正確，而且經常被扭曲。

此個案還有一個關鍵，那就是敏貞的年紀。52 歲的她逐漸步入更年期，出現停經現象，身體會突然一陣陣發熱，呼吸不順，也容易失眠。而在此階段動怒生氣的話，更容易陷入過去的記憶。這種現象叫做「更年期症候群」。

更年期症候群 Menopausal syndrome

進入更年期的女性，隨著體內雌激素（又稱女性賀爾蒙）逐漸減少而出現的各種症狀中，以熱潮紅（hot flush）最為常見。熱潮紅是指臉部、脖子、胸口等部位突然發熱並出汗，這種現象通常會維持幾分鐘，一天可能出現好幾次。在這個時期，憂鬱症好發率為一般時期的二至三倍，焦慮、失眠等症狀也會伴隨發生。雌激素是一種壓力賀爾蒙，當其分泌量降低時，血液內的激素波動會導致大腦承受壓力的能力也隨之降低。[4]

因此最重要的是，過去的記憶並不是百分百正確的。對丈夫的怒氣，其實源自於自身的焦慮，以及各種更年期症狀所引起的。患者應先承認自己太過焦慮和敏感，再盡量避免將不開心的情緒或想法，連結到過去的記憶。最好的方法是一旦與丈夫產生誤會，當天就應該說清楚講明白，誤會解開後也不要再翻舊帳。

當然了，敏貞的丈夫也有不對的地方。他沒有注意到妻子失眠及焦慮的狀況，的確會讓人感到不開心。在此推薦一個方法，每天傍晚六點，丈夫要主動告訴妻子自己今天所發生的事。還有，兩人應該各自安排自己的活動，最好不要一天到晚黏在一起。

　　高度敏感的人，要把焦點放在「現在」。總是將他人早已遺忘的記憶與現在的生活結合在一起，只會讓自己更為憂鬱，更加敏感。這時最好的方法就是盡量轉移注意力，讀本新書、做新運動等都是不錯的選擇。當你注意力轉移之後，自然就不會沉溺於陳年舊事，發怒的次數也會漸漸減少。

情緒起伏大、沒朋友的女大生

恩靜是一名 22 歲的大學生。她就像繭居族[2]一樣幾乎不與人來往。恩靜認為原因在於自己的個性很敏感。她也表示自己最大的特點就是情緒波動很大，明明前一秒心情還很雀躍，下一秒卻會突然跌到谷底。一天之中，這樣的情緒起伏會反覆出現好幾次，而且她早上起不來，晚上又睡不著。

每當恩靜情緒不穩時，家人都會躲得遠遠的。而她生理期來的前一週，父母和哥哥就會感受到危險信號，開始躲著恩靜。她在大學裡也都獨來獨往，沒有什麼朋友。正值青春年華的恩靜，為什麼會交不到朋友呢？

「一到人多的地方，我就會覺得大家都在嘲笑我，忍不住會開始看大家的臉色，有時還會無法呼吸。我也不知道要跟他們聊什麼。」她是這麼回答的。

2　此名詞源自日本，指待在家裡半年以上，不工作、不上學也沒有任何社交生活的人。

恩靜通常都靠逛社群網站或看 YouTube 打發時間。她每天會到處按別人「讚」，由此可知她的內心是多麼焦慮空虛。直到半夜三、四點才睡覺，早上超過十點還起不來，上課也常常遲到。

大部分熬夜的人都有吃宵夜的習慣。晚上精神正好時，就會從冰箱翻出披薩、麵包、泡麵等重口味的東西充飢，體重因此直線上升。結果又因外貌改變導致自信心下降。雖然清楚自己已經陷入惡性循環，但就是改不了。

讓她終於下定決心來精神科的契機始於一個月前，那時恩靜的症狀突然加劇。她在教授和同學面前報告時，有個同學問了一個她不太懂的問題。頓時間，她只覺得天旋地轉，喘不過氣，連站都站不穩。後來她只要一去學校就會發生同樣的狀況。

因為這些症狀，目前恩靜已經無法上學，但她就連待在家裡也開始覺得呼吸困難。甚至還被家人緊急送去了急診室，但醫生檢查後發現她的身體一切正常，就讓她回家了。

醫師建議

人有喜怒哀樂，會根據自己所處的環境變化而感到高興、生氣、傷心或愉快。但有些人的情緒起伏忽大忽小，卻與環境無關，通常是發生在換季之時或生理期快來之前。此時若與人發生爭執的話，情緒波動會更大。我們稱之為情感疾病或情緒障礙（mood disorder）。

情感疾病／情緒障礙 Mood disorder

難以控制情緒，情緒起伏很大或時常覺得憂鬱。情感疾病嚴重時，憂鬱情緒會持續兩個星期以上，同時伴隨出現意志消沉、失眠、疲勞感加重、注意力難以集中等症狀。通常會兩種極端障礙輪流出現：其一是典型憂鬱症，另一種則是心情較為浮動的躁症。根據全國精神疾病實況調查報告顯示，韓國有3.3% 的男性及 7.2% 的女性患有情緒障礙。女性的發病率為男性的兩倍以上，且全世界的男女比例都差不多，學界認為與荷爾蒙變化有關。

情緒波動極大的人，往往性格乖張善變。但如果仔細觀察，就會發現與不穩定的情緒有關，也可稱為「非典型憂鬱症」（atypical depression）。

這類患者有一些共同的特徵，可以簡單分成以下四點：

一，食慾增加，出現夜食癖（night-eating syndrome，簡稱NES）[3]。吃碳水化合物或辛辣食物就能有效降低敏感情緒，

3　夜食癖患者在夜間會出現大量不必要的進食，或是不能控制自己在晚上進食。他們往往會在晚飯後吃進過多的食物（往往是高熱量、不健康的食物），特別是入睡後還會醒來繼續吃，即使完全不覺得餓。

非典型憂鬱症 Atypical depression

屬於憂鬱症的一種，一般憂鬱症會導致體重減輕、失眠等，但此病的常見症狀則是體重增加及白天過度嗜睡，故而被貼上「非典型」的標籤。也常伴隨情緒起伏不定等情行，好發於 30 歲以下的年輕族群。可能進一步轉變為躁鬱症。

所以會不自覺地持續進食。二，晚睡晚起。有些人甚至會日夜顛倒。正常就寢時間無法入睡，時間越晚反而越清醒。三，體重過重，只想躺著不動。老是躺著吃漢堡、薯條、炸雞等垃圾食物，房間亂七八糟。

第四點是最重要的一點，即無法承受被別人拒絕。因為害怕被拒絕，所以沒辦法跟朋友好好相處，對他人的表情和語氣格外敏感。與人交談時，注重的是對方的表情，而不是說話的內容。也會持續想太多，猜測對方是不是討厭自己，擅自替對方的表情和行為賦予許多意義。

但事實上，影響人類表情和語氣最大的因素是當下的身體狀態。舉例來說，一個人昨天晚上沒睡好、工作太累時，表情就會比較僵硬，語氣也會比較不客氣。恩靜要是遇到了這樣的人，就會認為對方的表情和語氣是在針對自己，而解讀成「這個人不喜歡我」。然後，她反而會為了博取關心而做出一些誇張不當的舉動。

恩靜始終認為「都是因為我變胖又變醜，所以大家才不喜歡我」。為此還做了整形手術，但又因為不滿意手術結果，前前後後總共動了四、五次刀。她寧可吃減肥藥和打針也不肯運動。但減肥藥中的芬特明[4]成分卻讓恩靜變得更加敏感。越來越敏感的恩靜，覺得所有人都盯著自己，導致呼吸困難而昏倒在地。此後她開始過度焦慮，害怕見到同學和朋友，也擔心再次於眾人面前昏倒。只要一想到自己可能會昏倒，她就會覺得喘不過氣。

恩靜必須先體認到自己的情緒起伏已經過當。這種病症又稱雙極性人格傾向（bipolar trait）。2～3%的韓國人都有此傾向。國高中每個班級都會出現一兩名這樣的學生，此病症通常

雙極性人格傾向 Bipolar trait

躁鬱症是指情緒極度興奮的躁症和極度低落的鬱症，兩種症狀反覆出現的疾病。當情緒起伏明顯過當，但又無法斷定為躁鬱症時，就可以稱之為具有「雙極性人格傾向」。但情緒起伏過度也可能是個性的關係。此病是指在沒有特殊情況或外部刺激下，患者自己就表現出情緒變化，較為人熟知的有「經前症候群」和「產後憂鬱症」。

---

4 芬特明（phentermine）是屬於安非他命類的中樞神經興奮劑，能夠降低食欲，但由於藥效過強，在南韓需要經過醫生處分才能取得，台灣並未核准上市。

會好發於高中生或大學新鮮人。男生入伍之後也會出現這種傾向。

想幫助情緒起伏過度的人，就要試著讓他們避免前述四種狀況。但做起來並不容易，因此需要醫師或專家的幫助。最重要的一點是做到早睡早起，而且早起比早睡更重要。先試著每天早上七點起床吧。即使半夜兩三點才睡，隔天也要七點起床。早上固定在同一時間起床的話，晚上自然而然就會早睡，也能改掉吃宵夜的習慣。早上七點起床後，八點出門曬曬太陽，花半小時散個步。陽光能幫助你清醒，平衡身體的節奏。尤其女性在生理期前，每天早晨運動可以有效降低敏感性。

他人的表情、語氣，並不是針對恩靜個人，而是反映出對方當天的身體狀況。我們要訓練自己「忽略」對方講話的表情和語氣，這需要長時間的練習。有個方法是聽別人說話時，應該像在看手機訊息一樣，只專注於對方所說的內容就好。另外也請記住，別人其實沒那麼在意你，就像你對他們也沒什麼興趣一樣。其實我們並沒有想像中的那麼在意他人，人類比較是為自己著想的生物。與人相處時也不用太在意自己說了什麼，相信一個月後，對方早就不記得你們交談的內容，只會記得你們曾經小聚，以及聚會時愉快的感覺。

還有一個方法，試著先聽完他人說話，再來考慮自己想說什麼。與朋友對話無須緊張，試著像傳訊息一樣，先消化對方傳來的內容後再決定要怎麼回應。

如果突然覺得呼吸困難，可以試著每天練習本書收錄的「舒緩緊張練習」（詳參 272 頁）。持之以恆地練習，可讓呼吸變得平穩。當你跟別人聊天時突然喘不過氣，可以試著放慢說話的速度，或是去一趟洗手間，都有助於緩解不適。此外，不要太常喝咖啡或含咖啡因的飲料，以免加重呼吸困難。

調節過當的情緒起伏，學著和朋友和睦相處，對恩靜未來的生活影響很大，這也包括找對象或找工作。恩靜還在讀大學，一切都不算太晚，她只要讓大家看到自己改變後的樣貌，過去的形象很容易就會被遺忘。

從今天開始好好調節敏感情緒，明天開始早上七點起床，以愉快的心情享受窗外照進來的陽光，你就已經踏出了成功的第一步！

04 懷疑同事都討厭自己

跟多數人一樣，35 歲的敏兒出社會後也是從打工和約聘工作開始打拚，好不容易才成為正式員工。如今在職場穩定工作邁入第三年，她對目前的生活很滿意，人際關係也頗為融洽。她離開了原生家庭，自己在外租屋，雖然還沒有男朋友，但每個月都會固定存一筆錢作為結婚基金。

只不過生活中隨時都可能出現不確定因素，正如好上司就是一件可遇不可求的事。三個月前，敏兒的前輩兼課長換人了。新任上司跟前任課長的個性正好相反，敏兒覺得自己與新上司非常不合。尤其是他會在同事面前，口不擇言地大肆批評，完全踩到敏兒的地雷。有次敏兒的報告出了問題，該上司直接在大家面前數落她：「妳這報告怎麼回事？不會寫就該問同事啊。妳一直都是這樣做事的嗎？」當場給她難堪。

雖然同事都安慰敏兒，但她的心情還是難以平復，覺得所有人都能愉快工作，只有自己做不好，扯大家後腿，導致憂鬱情況越來越嚴重。當同事吃完午餐回到公司，邊喝咖啡邊談笑風生，敏兒會覺得他們一定在談論自己，心情變得更不好了。

一個人若是脫離群體，就會更加壓抑自己，身體反而會變得更敏感。敏兒開始擔心自己吞口水或肚子叫的聲音會被旁邊的同事聽到。「怎麼想都覺得大家很討厭我。」、「我不想上班！我想辭職！」她的腦中充斥這些負面想法，連覺也睡不好，於是來門診接受治療。

敏兒好不容易才找到工作，因此不敢輕易辭職，卡費和房租的壓力也不允許她這麼做。但是她在工作時放空的時間越來越長，工作效率越見低落，覺得自己實在撐不下去了。

醫師建議

各位應該都認同，若想好好度過職場生活，人際關係是相當重要的一環。職場人際關係越好，工作就會比較輕鬆。就算犯了錯，同事之間互相幫助也能減低緊張感，做事也會更加得心應手。

敏兒在公司三年來，表現一直不錯，由與前任課長關係良好，所以覺得即使換了新課長也能相處融洽。但前後任上司的風格截然不同，新上司處理下屬犯錯的方式又太過直接，讓敏兒的內心很受傷。

我先跟敏兒確認了這一點：新課長對待所有人的態度是否都一樣？如果是一視同仁的話，意味著新課長並不是針對敏兒一人，而是他的行事作風本就如此。我也建議她多和同事聊聊，打聽新課長喜歡什麼樣的工作方式；課長過去的部門下屬又是怎麼適應他的。如果新課長的領導風格一向如此，身為主管顯然並不適當。但不論是與他正面衝突或拉開距離，最後痛苦的仍是敏兒自己。儘管不太容易，但是先迎合新課長的處事風格，對自己才會比較有利。

如果憂鬱加劇，敏感程度也會更嚴重。確診憂鬱症的話，一般而言白天會過得更煎熬，不僅漸漸沒了幹勁，晚上也會睡不著覺。各位必須知道，當你變得憂鬱敏感，就會覺得周遭人的行為舉止都與自己有關。如同先前提過的，這就是所謂的關係意念，又稱疑心病。

關係意念／疑心病 Ideas of reference（IOR）

關係意念是認為旁人的言語或行為、隨機發生的現象，都是為了影響自己而產生的。即使語言、行動、現象在客觀上與自己無關，仍會設法找出箇中關聯，並當成事實看待。有關係意念的人會靠想像來建立一種思考系統，以負面、充滿被害妄想的思維來解釋現實，因而變得更敏感，憂鬱或焦慮的症狀也會加重。

產生關係意念的人，會把實際與自己毫無關係的人事物，都認定為是衝著自己而來。換句話說，外人一個眼神、一個笑容、一段對話等，都會覺得是對自己的責難。關係意念會增加憂鬱症狀中的敏感程度，患者到了晚上會更加緊繃，導致失眠；也會突然從睡夢中驚醒，夢到自己被人追殺的惡夢，或是夢到死去的人重新出現。

這時就需要醫師或專家協助調節「關係意念」、「失眠」等症狀。其實，光是知道「有人幫忙」這件事，就可以減緩很多敏感的症狀。只要改善專注力和失眠問題，工作表現就會變好，進而達到主管的要求，這種變化也會讓自己變得更有活力。

在此我想強調的是，千萬不要輕易辭職。得了憂鬱症而辭職的患者，在治療結束、情況好轉後，都會悔不當初，因為往往找不到跟當初一樣好的工作。倘若一直找不到工作，持續失業，就會大幅提高憂鬱症復發的可能性。建議可以先跟公司請一至三個月的病假接受治療，因為一般而言，憂鬱症從治療、病情好轉乃至恢復正常的生活，大約需要一到三個月的時間。

05 過度擔心健康也是一種病？

跟其他國家相比，韓國人罹患慮病症的比例比較高。這是壞事嗎？提前注意身體健康，應該是好事吧……但是，問題並不像表面那麼簡單。

40 歲的惠琳就是典型的例子。她經常關注電視或網路上的健康相關資訊，不知不覺就患了慮病症。她最近每天都認真地補充 Omega-3、鎂錠、維生素、葉黃素、南極磷蝦油、益生菌等保健品。

周遭的人都認為惠琳「太過謹慎」、「好敏感」。但仔細觀察就會知道，她看起來總是很緊張，時常不自覺皺眉而導致眉間皺紋產生。後頸和肩膀的肌肉很緊繃，腹部脹氣嚴重，看起來圓鼓鼓的，敲打她的肚子就會出現「咚咚」聲。她有時會手抖，四肢關節也常常不舒服。而這些症狀反覆出現，讓她更擔憂自己的健康。

有一天，她的頭突然劇痛。這時她打開電視，正好在播放關於「中風」、「腦瘤」、「頸動脈狹窄」、「偏頭痛」等方面的資訊。節目中的患者錯過了黃金治療時機，導致下半身癱瘓。惠琳連忙拿出家中的血壓計測量，血壓是 140／90，心跳每分鐘 90 下，都比平常高出許多。焦慮的她趕緊轉台，開始看電視購物頻道，當限量商品進入倒數計時階段，她立刻頭痛不已，心跳也開始狂跳。雖然惠琳根本不需要那個商品，她還是打電話訂購了。

「我是不是生了什麼重病？血壓一直上升，腿也很痛。」惠琳跑去住家附近的醫院要求做 MRI。檢查結果還沒出來的時候，惠琳非常焦躁不安，也睡得很不安穩。而後來回診的結果是「一切正常」。但她又心想：「會不會是這間醫院規模太小？我明明很不舒服，為什麼檢查不出病因呢？」因此，她又預約了大醫院的門診。

過了幾天她來到大醫院等待檢查，往來的患者引起了惠琳的注意。她看到重症病患身上掛著點滴、被家人或看護攙扶的模樣，心都揪起來了，並自顧自地想著：「我可不想活得這麼痛苦。」後來檢查結果出來了，依然是「一切正常」。

她覺得很無力。因為從小醫院到大醫院，她輾轉各科做了各種檢查，前前後後花了近六個月的時間，最後只得到毫無異常的檢查結果。但奇怪的是，她只要走出醫院就又開始頭痛了。「不是說我沒事，怎麼頭又痛了？」宛如電影最後的大結局還沒出現，就突然預告了續集的驚悚畫面，惠琳再度陷入了無止盡的擔憂。

醫師建議

身體健康是每個人心之所望。我們會透過身體的疼痛、有無功能異常等情形，來判斷自己有沒有生病。高敏人可以迅速感受到這種身體變化。但疼痛或功能異常，並不一定是生理上的疾病，也可能是心理出了問題，敏感性也可能是原因之一。如果經過醫院精密檢查後結果一切正常，這時不正常的並非身體，而是「高敏感的情緒」。像惠琳這樣因為過度擔心健康而影響正常生活的狀況，就叫做慮病症。

慮病症 Hypochondriasis

過度放大身體的症狀或感受，擔心或相信自己得了重病，內心非常害怕，以致整天深陷在憂鬱狀態。患者通常是擔心自己得了癌症、愛滋病、COVID-19 等廣為人知且令人害怕的病。我曾經研究過慮病症，在比較韓國與美國的憂鬱症患者時，我發現韓國人慮病症的比例，遠高於美國人。尤其是有很多人會將焦慮所引發的身體症狀（如心跳加快、體重減輕、呼吸困難等）誤認為是自己生了重病的徵兆。[5]

敏感通常也會引發頭痛、心跳加速、 肌肉痠痛、腰痛等症狀。一般人覺得沒什麼的疼痛感，從腰部神經一路直達大腦後，就會大幅增強。儘管醫院的檢查結果一切正常，患者仍會對疼痛相當敏感，不斷擔心自己得了重病，身邊的家人也會倍感困擾。就像一股微弱的聲音經由麥克風、最後從擴音器傳出來會變大聲一樣，身體的小病小痛，到了大腦就會被放大成重病。

臉部和頭部的肌肉太緊繃的話，就容易頭痛，即所謂的「緊張性頭痛」。這類病人會習慣性地皺眉，因此眉間容易長出深深的皺紋。因為身體總是過度緊繃而全身僵硬，按摩時會越按越痛。這時若用雙手大拇指按壓肩膀後方三角肌，雖然一開始很痛，但過不了多久就會覺得舒服許多。

我們身體有很多症狀，都跟敏感有著很大的關係。衣服接觸皮膚的感覺、腳穿著鞋子的感覺、腰間繫上腰帶的束縛感、眼鏡戴在臉上的感覺等等，這些對一般人來說非常自然的事，但高敏人卻有著不同的感受。結果大腦不斷地感受到這些不重要的身體刺激，導致精神無法負荷。

這時與其在意身體感覺變得過度敏感，不如將注意力放在過度敏感的心靈。你需要放鬆身體及肌肉，舒緩緊張，也必須將患了重症的疑慮拋之腦後，並認知到自己只是太過緊張，如此而已。每天練習轉移緊張的方法，對任何人都裨益良多。

思考一下什麼事可讓自己注意力集中並感到愉悅。不論是健身、皮拉提斯、瑜珈、打網球或打羽毛球，都可以試試看。當志工與其他人一起合作，也是不錯的選擇。將注意力放在其他事情上，身體的感受就不會那麼敏感，自然不會過度擔憂健康了。

06 人的精力有限，必須聚焦在最重要的事

現年 40 歲，任職於大企業的英哲，不久前因為對公司的年輕職員施以暴力，而遭到暫時停職的處分。韓國自 2019 年七月起正式施行《職場霸凌禁止法》，禁止任何人在職場濫用職權或人際關係方面的優勢，超出業務的適當範圍，對其他員工施加壓力，造成他們身體或精神上的痛苦，若有違反將受法律制裁。即使是上班時間以外或是在職場外的地方發生，依照當時情況，若有濫用職權等不法行徑，就會被判定為職場霸凌。所以近來韓國公司的聚餐明顯減少，員工也會特別注意自身態度，但英哲卻對公司屬下施暴，導致他現在不論是在職場或家庭，都面臨著巨大危機。

英哲最大的特色就是不管做什麼事都精力旺盛。尤其每年開春時，他就會變得野心勃勃，毫無來由地對任何事都保持樂觀，甚至把錢灑在股票投資上（但他沒有存款，而是靠融資買股）。可是他買進的股票最近都大跌，因為是瞞著妻子所做的投資，他正為了該如何挽救而傷透腦筋。

事發當天，公司部門有聚餐。英哲平時只要一喝酒就會興致高昂地續到第三攤或第四攤，他那天喝得太醉，不僅嚴厲訓斥屬下，還動手打人。結果被公司暫時停職察看，甚至可能會被解雇。

醫師建議

人的精力和能量是有限的。我們無法總是充滿活力，而是有起有落。在韓國，每 100 人之中，大約會出現兩、三個像英哲這種精力過剩的人。一年之中，人的精力週期會隨季節變化，通常在初春日照時間變長、天氣變暖時，人們會精力充沛；冬天來臨時則像進入冬眠一樣，變得安靜、精力低盪。

這種精力變化很大的人，大部分都是愛酒人士。一般人喝了酒會想睡覺，但他們反而會精神奕奕，聲音明顯提高，甚至會攻擊陌生人。喝了酒就產生攻擊性的現象稱為「酒後失控」（alcohol-induced disinhibition）。

隨著能量越高，人們特別容易做出「冒險行為」（risk-taking behavior）。比如沉迷於超過自身的投資、賭博、不倫等，導致高額的金錢損失。觀察這類人會發現他們的通病是堅信「一切都會變好」。因為耳根子太軟，聽了別人的賺錢方法就會輕易相信，信心滿滿地仿效，覺得自己一定也可以賺大錢。但遺憾

酒後失控 Alcohol-induced disinhibition

意指喝了酒就變了一個人，經常出現暴力傾向、酒駕等無法克制的衝動行為。個人研究團隊曾分析過韓國 12 個地區中、年滿 18 歲且有酒駕經驗的 9461 人，其中 564 人（5.96%）出現酒後失控的症狀，[6] 也就是說，100 人中有 6 人會有這種症狀。酒精本身就會降低掌管情緒的額葉抑制功能，如果再加上酒精引起的去抑制現象，變化會比一般人更明顯。酒精濃度越高，失控現象就益加明顯，因此戒酒是最好的方法。如果戒不了，選擇酒精濃度較低的酒和減少飲酒量也有幫助。[7]

的是，不顧後果地投入自己不了解的領域，反而讓事情變得很難解決。他們缺少完整計畫和萬全的準備。萬一走上賭博之路，通常不會有好下場。

當然，仍然有極少數的人會成功。但是像英哲這種因一時精力過剩而一頭栽入陌生領域的人，通常很難成功。精力旺盛的時候，他們在網路上只看得見自己想相信的留言。對於規勸這類的逆耳忠言，則是認定自己不會那麼倒楣被說中，而無法做出客觀的判斷。像英哲這樣的人，應該要先認清自己精力起伏過當的事實。就算自己認不清，旁觀者清的另一半或家人，也能適時提醒或告誡。在精力上升時期，不要想著闖出一番事業，也要避免投資，慎重地處理金錢關係。建議各位，不論是投資或開發新事業，最好都先跟另一半或親朋好友討論，做出保守安全的判斷。

精神狀態不穩定時喝酒，很容易犯錯，也可能做出無法挽回的事。自身能量高漲時，容易做出暴力、性騷擾等不當行為；能量低落時則可能萌生輕生的念頭，這兩種情況都要特別注意。能量低落時會覺得很空虛，認為所有事都無法順利進行而茫然無措。這時反而需要找點新樂趣或做運動，來提升動能。

人們的精力是有限度的。精力上升時踩煞車，減少時催油門，這是眾所皆知的方法。若能調節好自身精力值，專心投入事業，便能開創出一條成功的道路。如果前方出現了一條冒險的路，請先稍安勿躁，與人商量後再慎重地做出選擇。

當你相信賭博會為你賺進大筆財富，或總是對家人及周遭的人莫名發怒的話，就要檢視自己當下的精力狀態是否異常。

被觸發的不愉快回憶

40 歲的海文在大學路附近開了一家小餐廳。由於營業時間很長，開店三年來都是她和先生共同打理。雖然開店並不容易，幸好因為有學生熟客光顧，海文的店生意一直不錯。夫妻兩人每天大清早起床，親自去採買新鮮食材，親手料理。在第一位客人進來之前，他們就要準備好一天營業所需。在小小的店面裡，他們就像時鐘般分秒不停地運轉著，似乎完全不受外界打擾，忙碌卻也安穩。

有天，店裡坐滿了學生，這時又進來了一位客人。上菜後，該客人突然對著海文指手畫腳地說：「妳過來看看，這東西是人吃的嗎？」那位客人用筷子從食物中夾出了一個異物，看起來像是從鋼絲菜瓜布上掉落的鐵屑。海文不斷地低頭鞠躬道歉，並對該客人說：「這頓飯不跟您收錢。」她希望此事可以盡快解決，但客人卻高聲斥責：「妳這種心態還想做什麼生意啊！」一時之間，所有學生的目光都投向了海文。

她的心臟瞬間狂跳，同時感受到客人冷冰冰的視線，覺得在場所有人都在指責她。自那天起，海文變得忐忑不安，儘管每天疲憊不堪，晚上卻輾轉難眠，要花兩、三個小時才能入睡。只要回想起顧客的表情及語氣，她就全身緊繃，蜷縮著身體。因為連日的疲勞及消除不了的敏感情緒，海文最近早上常來不及起床去採買食材，甚至覺得自己無法再繼續開店了。

她也因為太擔心出錯，有時會徹夜難眠，還常常因為先生開口跟她說話而嚇到。

醫師建議

海文打從經營餐廳以來，始終用心為顧客準備美味佳餚。在食衣住行中，食物是人類維持身體健康最重要的因素。所以海文從事的工作很值得尊敬。儘管顧客花錢消費，卻沒有當眾辱罵他人的權力，此等行徑絕對不值得鼓勵。

每個人都會不小心出錯，而我們有無數種好好告知對方的方法。善意的提醒，比較能讓當事人欣然接受並願意改善。尤其是面對海文這種高敏感的人，格外需要注意。那位顧客的舉動不僅踐踏了他人的自尊，對於避免再次出錯也毫無幫助，實在是完全錯誤的行為。海文大可告訴自己只是倒楣遇到了一位奧客。而且從該顧客的舉措就能推斷他在人際關係及社交生活上應該經常引起糾紛。

海文從小在要求嚴格的家庭中長大。就算她只是犯了小錯，父母也會立刻打罵：「為什麼連這種小事都做不好？」、「吵死了！」、「我辛辛苦苦幫妳做飯，竟然沒有吃完？！」海文的成長過程中從來沒有體會過溫馨和諧的家庭氣氛。家中三女一子之中，父母親唯獨偏愛小兒子，看兒子的眼神永遠充滿著關愛與縱容，而看向海文這個女兒時，只有嚴肅冷漠的一號表情。因此當海文長大後再次像小時候一樣被人狠狠責罵時，她在人際社交中就容易出現問題。

重新體驗 Reexperience

過去或兒時發生過的不愉快經歷、情緒、衝突和矛盾的情感，當人們再次遇到似曾相識的情況，就會下意識地回想起過往的現象。就像創傷後壓力症候群（posttraumatic stress disorder，簡稱 PTSD）一樣，在遭遇重大事故後會避免讓自己再度回想起事發的場景，比如出車禍後再也不願意去事故現場。童年有過心理創傷的人，對於壓力會變得比較敏感，成年後遇到類似狀況就容易再度復發。[8] 重新體驗也可能引發敏感、憂鬱症、焦慮障礙等疾患。

那天的客人不經意地重現了海文童年的記憶。讓她想起小時候弟弟吃東西噎到了，挨罵的卻是自己，如今回想起來仍是痛苦煎熬。因為料理中有異物而生氣的客人，瞬間化身為海文的父母，大聲指責海文。回憶不斷湧現，誘發了海文的焦慮與不安。

對海文來說，當務之急就是找回自信心。她應該下定決心，對自己喊話：這次的失誤有助於往後做出品質更好的料理。先生和孩子的支持也很重要。他們應該告訴海文，他們以認真做餐點、腳踏實地工作的妻子和母親為榮，還要讚美海文的手藝極佳。這樣做可讓海文與過去的記憶一刀兩斷，只專注於現在。海文也要告訴自己：津津有味享用餐點的客人其實更多。不過海文在教養子女方面，千萬不能重蹈覆轍父母當年對待自己的養育方式。雖然這並不容易，但唯有海文能做到不在孩子身上「複製」自己兒時受過的傷，才能避免傷害與家暴世代相傳的惡性循環。

08 不懂變通的宅男

民基是個 34 歲的標準宅男，任職於大企業的他有個特別的嗜好，那就是收集動漫角色的公仔，每月平均貢獻出三成以上的薪水，收藏數量驚人。他從小就沉迷日本漫畫，任何角色只要一看便知。

民基的數學和歷史都很好，經常被誇為天才。他國中就學了微積分，對各種歷史事件都瞭如指掌。但是他只要遇到必須分析上下文結構才能理解的英文及國文（此指韓文）就沒輒。學生時期的民基幾乎沒什麼朋友，但因為功課好又很會打電動，他仍然充滿自信。儘管無法獲得同儕的認同，他仍能透過其他方面培養自尊心。在整個求學階段，民基在班上幾乎毫無存在感，直到上了大學也未獲改善，但因為成績好，他的求職之路很平順，一舉進入了理想的公司。

但校園和社會是截然不同的環境。以前民基遇到合不來的人就會敬而遠之，但進入職場後，同事經常表示民基「無法溝通」。團隊共同執行企畫時，民基常被批評：「這不是我要的分析啊！」、「你重點放錯地方了吧！」每次聽到這種話，民基就很難堪。難道是因為他生性內向，說話時不太習慣直視對方所致嗎？民基從小就不懂何謂「合得來」和「很要好」，因此人際溝通出問題時，也不知道該怎麼解決。「唉，壓力好大！」他最近常把這句話掛在嘴邊。民基和同事之間的關係漸趨惡化，彼此的隔閡越來越深，而他實在無法憑一己之力扭轉頹勢。壓力之大，導致民基開始自我封閉。他現在每天都期待週末快點到來，只想專心收集他心愛的公仔。

醫師建議

我們的生活環境中，有不懂得變通的人，也有從容隨和的人。不懂變通的人不會一次處理很多事情，但他們可以專注地將一件事處理得很好。舉例來說，民基雖然無法自在地與同事討論，但要檢查帳目是否正確的話，他可以做得比誰都好。精神科將此稱為「具體思考」，意為思緒像混凝土一樣堅硬古板，與抽象思考完全相反。

不懂變通的人，會導致人際關係受挫，他們在與人對話時會一直思索自己接下來要說什麼，別人的話則是左耳進、右耳出。換言之，他們無法一心多用。專心聽講——先聽，再理解——對他們來說很容易，但遇到小組討論，他們往往會太專

具體思考 Contrete thinking vs. 抽象思考 Abstract thinking

具體思考意指不做概念性的思考，單純從實際事物、情況的表面狀態去理解；抽象思考則表示能運用邏輯概念去理解、判斷和應用的能力。具體思考的人閱讀文章時，著重的是每一個單字，不擅長思考並掌握上下文結構。舉例來說，如果你問這兩種人「手拿鐮刀卻不識字」是什麼意思？[5] 慣於具體思考的人知道鐮刀、識字的意思，卻無法理解這句話的寓意，也不知道該怎麼運用。而抽象思考者則明白此俗語是形容一個人「很無知」。根據瑞士心理學家皮亞傑（Jean Piaget）的兒童認知發展理論，幼兒是先用具體思考去思考事物，隨著認知不斷發展，到了 12 歲以後，就能理解眼睛看不見的抽象概念了。[9] 只有具體思考能力的人，在吸收知識方面並沒有問題，但處事就會不夠圓滑，也不擅長察言觀色。

注於自己要說的話，而沒有去理解他人討論的內容。

做過英文聽力練習的人就知道，要是試圖聽懂每一個英文單字，就無法掌握整篇文章的意思。正如不懂變通的人只會想著單一字詞以及自己要說的話，而無法聽懂對方所說內容的整

5 此為韓國俗語。韓國字母中第一個聲母為ㄱ，因為鐮刀的形狀跟ㄱ很像，暗指一個人手上就拿著ㄱ形狀的物品卻不認得 這個字，表示這個人很無知。

體脈絡。他們不會直視對方的眼睛，自然也看不到對方的嘴型，而錯失了對話過程中的許多重要訊息。

患有自閉症（autism）和亞斯伯格症（Asperger syndrome）[6]的人也缺乏變通能力，所以在人際關係上常遭逢跟民基一樣的問題。這兩類患者專注的是一般人不注意或不感興趣的地方。但民基的情形沒有他們嚴重，他只是比較難做到靈活圓融，導致與人交往有點窒礙難行。民基和家人、親近的朋友相處時，就完全沒有溝通的問題。我認為民基與同為日本動畫迷的人相處時，一定非常融洽。

我想給民基的建議是，先專心聽對方說完話後，再去思考要怎麼回應。在開會前也要先熟悉會議內容，就能順利掌握整個會議的走向。適時做筆記也會很有幫助，我也想建議他養成習慣，試著在上司說話時逐字逐句記錄下來，然後再照著筆記逐項執行就好。

此外，我也希望民基不要逃避和同事交談或吃飯。同事之間變得熟稔，溝通時比較能互相體諒。他或許也可以請同事吃午餐，等交情變好後，談話時自然不會太過緊張了。我還發現民基在與人交談時，臉部表情比較僵硬，建議他可以參考

---

6 亞斯伯格症是自閉症的亞型，屬於廣泛性發展障礙（pervasive development disorder）的一種，主要是神經心理功能異常，導致學習與生活適應困難，語言發展大致正常，但不擅於人際交往，對特殊興趣的投入程度相當高，屬於自閉症光譜中相對輕微的一群，常與輕度自閉症或高功能自閉不易區分。

Part 5 第二章的表情和語氣訓練方法，多加練習。

雖然收集公仔不是壞事，但最好能限定每月購買金額的上限，以不超過月薪的百分之十為準。建議他可以多培養一些雙人以上一起進行的休閒活動，像是桌球、網球、保齡球、羽毛球等球類活動都需要與他人合作，運動時還能順便培養溝通能力。參加公司內部的運動同好會也是一個不錯的方法。

09 反覆檢查門鎖、不斷洗手……的強迫行為

昭穎來自外縣市[7]，因成績優異考上了首爾的大學，租了老公寓一間套房居住，只要讀完這學期就畢業了。最初找房子時由於聽說老公寓不太安全，謹慎細心又有點完美主義的昭穎就自費換了全新的門鎖，窗戶也選了較為緊密堅固的材質。她不只擔心小偷闖空門，也害怕強盜、強姦、殺人等社會案件會發生在自己身上。

而昭穎的故事要從她看了一段 YouTube 影片說起。影片敘述一名租套房獨居的單身女子，某天下班回家、準備打開家門時，有個帽子壓得低低的男子從樓梯角落衝了出來緊抓住門把，試圖強行闖入屋內。那名女子用盡全力好不容易才把門關上，男子怕暴露身分急忙轉身離開。這樣的影片，有些人可能看過就忘了，但對於敏感又容易焦慮的人，只要看過一次就會

7　韓國人會稱首爾以外的地方都是外縣市。

深深烙印在腦海中。

「晚上回家時，總覺得有人跟著我。」這個念頭讓昭穎快到家時總會頻頻回頭、左顧右盼。問題還不只如此，從看完影片的第二天起，昭穎鎖門後總得再三確認才能安心，深怕沒有確認好就出門的話，有歹徒會趁機躲在她的家中。有天早上，她原本走到地鐵站了，卻突然想起自己「好像沒有鎖門」，於是又花了十多分鐘走回家確認門有沒有鎖好，導致那天上課遲到。而一種焦慮通常會衍生出更多焦慮，除了門鎖，昭穎也每天掛念著瓦斯有沒有關。她洗手的頻率也明顯增加，一天平均要洗 20 次以上，還會上網搜尋哪些疾病是透過手部接觸傳染。每天反覆確認門鎖及時常洗手，消耗了昭穎很多精力，也浪費了許多時間。

醫師建議

有無鎖好門，關係著人身安全。年輕女大學生獨自在外租屋，多注重安全當然沒錯。但是像昭穎這樣過度執著於鎖門，進而影響到正常的生活，並不是好事。個性追求完美、小心謹慎的人，總會擔心自己的行為舉止是否適當。這樣一來，就會像昭穎一樣陷入「門有鎖好嗎？」的無限擔憂迴圈，這種現象稱為「強迫性思考」（obsessive thinking）。因強迫性思考衍生出的行為即「強迫性行為」（compulsive behavior）。事實上，如

強迫性思考 Obsessive thinking vs. 強迫性行為 Compulsive behavior

強迫性思考是指個人在無意識下，腦中不斷浮出某種念頭、衝動或場景。為了緩解這種思考模式導致的焦慮，而出現反覆確認門鎖、頻繁洗手等行為，即所謂的強迫性行為。兩者通常會同時發生，可大致分成四種類型：

- 確認（checking）：擔心行為出錯而不斷檢查
- 清洗（washing）：擔心髒亂及污染而反覆清潔
- 囤積（hoarding）：認為總有一天會用到而不願丟掉任何東西，家中物品越堆越多
- 侵入性思考（intrusive thinking）：腦中無法控制地經常浮現衝動念頭（例如：性衝動及想使壞）

這些類型的人會因為反覆確認而遲到，家裡不想丟的物品太多而堆積如山。觀賞 YouTube 影片時無法盡情享受，而是重複看一樣的內容。擔心那些不常發生的新聞事件發生在自己身上，而無限放大了焦慮的情緒。

今有許多人都有這個現象。

韓國的教育制度是從小學、中學、高中到大學，入學都需要經過考試，因此師長總會強調不能出錯。學生為了不犯錯，必須反覆檢查確認，因此不自覺地形成了強迫性思考。韓國醫學院中那種成天只會讀書的人被叫做「obse」，此名詞是從英文的「obsessive」（強迫症患者）簡化而來。

只要給 obse 一本新書，就能輕易看出他們的特點。obse 看書很慢，他們總是心想：「這裡有沒有我不小心沒注意到的部分？」而不斷細讀某一頁，遲遲無法翻到下一頁，導致花了很多時間。即使翻了頁，obese 也常常回頭去確認讀過的內容。因此書的第一頁或第一章因為頻繁翻閱而變舊變髒，越後面的頁數則越新越乾淨。他們在學習、做作業時，也容易受到種種因素影響而停滯不前，拖了很長的時間。

我想給昭穎的建議是，務必調整確認及洗手的次數。規定自己門鎖只能檢查一次，出門後就算不放心，也千萬不能回家檢查。她只能在吃完飯、上完洗手間後洗手。洗澡也是一天只能洗一次，並設定鬧鐘在 20 分鐘內洗完。一般有強迫症的人，大都無法靠一己之力改善，需要尋求精神科醫生或專家的幫助，對症下藥，這時再加上自身努力，就會有顯著好轉的效果。這樣做也能減少強迫性思考帶來的痛苦，以及強迫性行為所浪費的時間。

老舊物品該丟就丟，尤其是報紙、雜誌及穿不到的衣服。

不管將來用不用得到，全都斷捨離，做一個不囤積物品的人。只要盡力去做，囤積症是最容易改善的，還能趁機來一次大掃除。而當你發現家裡變得整潔、煥然一新，繁瑣和敏感的心思也一併掃地出門了。

看書時，第一遍先快速翻閱，然後再從頭慢慢精讀。翻頁之後就不要再回頭，讀到後面自然就能理解先前沒讀懂的地方。經常留意時間，並試著排好進度。如果有件事必須在明天中午 12 點準時完成，那就先想好該怎麼做、用什麼樣的速度才能按時完成，而且為達目的，不重要的事必須明快放棄。

考試的時候，遇到不會的題目就先跳過，以免浪費太多時間。先做完會的題目再回頭去思考不會的，如此就能減少時間壓力，反而更容易想出答案。請相信你不會的題目，大部分的人應該也不會。如果在某一題花太多時間，很有可能毀掉整個考試。

與人有約時，試著將約定的時間提早 20 分鐘，就能準時到達。凡事都有輕重緩急，所以一天內不要安排很多約會。一旦有約在先，額外的邀約最好婉拒。先確認好約定的位置，避免因為找不到路而浪費不必要的時間。

做報告時，先設想完成報告所需的時間。舉例來說，一個星期後要交報告的話，先在手機上設定好截止日期。由於報告收尾階段，可能需要花時間影印或裝訂，保險起見，最好將截止日期提前一天。

設好截止日期後再安排每天要做的進度。時間過度緊迫時，就算報告做得不夠完美，也要確實遵守交稿時間。也就是說，先注重時間，再考慮細節。完成比完美更重要。譬如，圖表不用做得太精美，參考文獻也無須求多。做 PPT 簡報時，盡量不要加太多動畫等特殊效果，白底黑字最為簡潔清楚。

學習、做事要按照雕塑家完成作品的思維和步驟。雕塑家會先做出大致的輪廓，再一步步修飾細節。就好比他們要雕塑人物時，並不會為了把眼睛做得很漂亮，就從眼睛開始雕起。

10

很怕搭飛機怎麼辦？

賢姿是 35 歲的未婚女性。即將步入禮堂的她，有個說不出口的煩惱——飛機恐懼症。她的未婚夫並不知情，也不能理解患有這種病的人。賢姿只要一想到要搭飛機，就會開始擔心：「要是被關在飛機出不來怎麼辦？」、「飛機會不會在空中爆炸！」因為這些念頭而無比恐懼。

當然，賢姿並不是天生就怕搭飛機。她也曾搭機從濟州島飛往日本，因為飛行時間很短，所以安然度過。賢姿是去歐洲的長途飛行中出現了較為嚴重的症狀。她和朋友當時計畫去歐洲當背包客，賢姿坐在經濟艙靠窗的位置，旁邊坐著一個身材魁梧的老外。老外一上飛機就睡著了，賢姿則覺得自己彷彿被困在了那人和窗戶之間的狹小空間，動彈不得。飛機起飛時遇到亂流，搖晃得很厲害。這時老外的手肘壓住了賢姿的手，她頓時全身冒冷汗，快要不能呼吸。飛機就快要墜毀的恐懼感朝她席捲而來。當時距離目的地法蘭克福機場還要飛十個小時，賢姿全程無法入睡，也起不了身，整整被恐懼折磨了十個小時。而後即使坐上回程班機，她心中那種恐懼感也始終沒有消失。

讓她最難過的是家人和朋友全都無法理解這種恐懼。給賢姿的建議不外乎是「喝杯牛奶吧」、「要不要喝點紅酒」、「吞顆清心丸看看吧」。不理解就算了，態度還不痛不癢，認為這沒什麼大不了。

醫師建議

雖然空難事故時有所聞，但大部分專家都認為飛機比其他交通工具安全許多。賢姿的飛行恐懼屬於廣場恐懼症（agoraphobia，又稱懼曠症）及幽閉恐懼症（claustrophobia）的一種，很多人都有這種症狀。

廣場恐懼症／懼曠症 Agoraphobia

身處於無法迅速逃離的環境中，對孤立無緣狀態的恐懼。這類患者怕的不只飛機，還包括：捷運、只有前門的遊覽車、不透明電梯、大賣場、教會等。搭捷運或公車時，如果乘客太多，症狀就會更加明顯，而且嚴重的話還可能轉變成恐慌症。

發病時一開始會感到呼吸不順，脖子好像被掐住似的。就像進食時東西卡在喉嚨，有異物感難以下嚥一樣，還會渾身冒冷汗，心跳加快，每分鐘甚至超過 100 下。有的人則是會一直想上廁所。遇到亂流時，全身寒毛會豎起，嚴重的話可能引發恐慌症，臉色慘白甚至昏倒。整趟飛行就像一場酷刑。

有人天生比較敏感，個性溫和又膽小。如果是女性患者，外表大多光鮮亮麗。類似藝人、主播、模特兒、歌手、設計師這種需要人氣又較為敏感的職業，就很容易患有這種恐懼症。

這樣的人大多不知道自己其實對咖啡或咖啡因非常敏感。不只咖啡，綠茶、紅茶、巧克力、部分頭痛藥、營養補給品、提神飲料等都含有咖啡因。攝入咖啡因會讓心跳加快、呼吸混亂，產生與搭飛機時類似的症狀。研究結果顯示，廣場恐懼症或恐慌症患者攝入咖啡因後，54% 的人的焦慮症狀會惡化，17% 的人會引起恐慌發作。[10] 尤其是有廣場恐懼症的女性，生理期前通常會格外焦慮。因此，有廣場恐懼症或恐慌症的人，最好不要在飛機上喝咖啡。

進一步了解後，你會發現這些人的母親或姊妹也有類似的症狀。飛機恐懼症也是如此。根據研究顯示，這類患者的肝臟代謝咖啡因的功能，比一般人弱。也就是說，即使是少量咖啡因，在他們體內發揮效果的時間會比一般人長。

有飛機恐懼症的人，搭機之前做好充足準備的話，症狀就會減輕很多。有恐慌症的人最好先諮詢專業醫師，服用處方藥後再搭飛機。登機前吃藥的效果，會比上了飛機再吃更好。在搭乘飛機時，若能注意下列幾點就能輕鬆許多。

首先，提早到機場報到劃位，選擇靠走道的位置。坐在走道旁比較能自由離開座位，有助於減緩廣場恐懼症。

其次，在飛機上請喝水或果汁，盡量避免飲用咖啡或茶類飲料。啤酒或碳酸飲料也可以喝。而用餐後的飽足感可以緩和緊張情緒。如果覺得有食物卡在喉嚨，也不必太過擔心，那是高度敏感所造成的。

此外，就算飛機遇到亂流、上下劇烈搖晃，也不會墜毀。新型飛機都有即使遇到嚴重亂流也能維持平衡的設計。墜機大都是因為機械故障或外力所致，因亂流而發生空難的機率極為罕見。根據美國聯邦航空管理局（Federal Aviation Administration，簡稱 FAA）統計，美國每天有 260 萬人搭乘飛機，2017 年一年內因亂流而受傷的乘客僅有 17 人。[11] 相較於汽車事故，比率相當低。

最後，覺得呼吸紊亂或換氣困難時，可以試試腹式呼吸法。急著換氣反而會造成呼吸困難。做了腹式呼吸還是沒有改善的話，就拿袋子輕輕罩住口鼻，利用袋內的空氣來呼吸。自身呼出的氣體中二氧化碳的濃度較高，吸入二氧化碳可以稍微緩解恐慌症狀。

11 對權威者莫名恐懼

民洙是正在攻讀經營管理博士學位的 30 歲男性。因為個性隨和，他與同學、學校前後輩們都相處融洽。中學時期也因認真讀書常被稱讚是模範生。民洙的人生看似安穩又一帆風順，但唯獨有一點——他很怕指導教授金教授。難不成這位金教授是怪人嗎？

根據其他研究生的說法，金教授並非霸道專制、令人生畏的人。但是他在指導學生論文時，一旦發現錯誤就會眼神銳利且嗓門很大、毫不客氣地直接點出。雖然如此，但金教授其實是對事不對人，絕大多數學生和教授都認為他直爽又很酷。

因此，民洙認為問題出在自己身上。幾天前與教授開會時，民洙根本不敢直視教授，緊張地汗流浹背。不知情的人看了還以為他挨了罵，但事實並非如此。民洙連路過金教授的研究室也會心跳變快，狀況糟到他甚至心想：「乾脆放棄學位好了。」攻讀過博士學位的人或許就知道，一旦踏入了學術界，就很難再脫離了。世上的人會覺得半途而廢、拿不到學位的人很無能，因此博士生如果不能得到指導教授的認可，多半意味著前途「無亮」。民洙眼見大學同學早已就業，這時要他放下一切找工作為時已晚，而且看過許多學長姊因為寫不出論文或太晚畢業，踏入社會後始終落後他人一大截。曾是模範生的民洙實在不希望自己未來只能屈居人後，但他現在也不知道該怎麼辦。

醫師建議

與上位者或長輩相處，能毫無心理負擔，泰然自若的人其實不多。尤其有學位壓力的學生，與指導教授是師徒關係，內心的負擔與顧慮自然更為沉重。像民洙這種跟大部分人都能處得來，唯獨和師長相處不自在的人，應先思考長輩有哪些地方讓自己感到不舒服。

民洙表示只要跟指導教授同處一室就覺得吃力、喘不過氣。要他去教授研究室，就像要上刑場一樣恐怖。他也和其他教授談過，他們都認為金教授雖然說話直接，但並不可怕，也不是心理有問題的人。民洙自己也完全同意這點。

再者，民洙原本一點都不想念經營管理。高中時因為喜歡看書本來想念語文學系，卻遭到父親強烈反對，甚至挨了一頓打，最後終究屈服報考了經營管理系。幸好他上大學後成績很好，與同學、朋友相處得也很愉快，因此民洙認為父親的決定是正確的，始終心存感謝。

民洙認為自己很自律，平時不愛喝酒，認真學習，成績一向很好。但他也很清楚自己仍然不喜歡經營管理，對數字和統計都沒有什麼興趣，因此夜深人靜獨處時，他就會開始思考人生。

而且只要一聽到父親向外人炫耀兒子就讀名校經管系時，民洙就會很想發怒，但他一直壓抑得很好。當他被指導教授指責時，幾乎快要控制不住怒火，但因為教授足以左右他的未來，所以他仍然敢怒不敢言，表面上也絲毫未顯露出任何一點情緒。

其實民洙一直都有「對權威者的憤怒」（anger against authority figure），雖然他始終克制得很好，但現在看來已到極限。然而人生在世，難免總會遇到公司主管、老闆、政治人物等權威者，也必須與之配合。

我的建議是，等民洙畢業後可以考慮去出版業工作。相較於一般職業而言，出版業的工作氣氛較自由，且職場關係較為平等。雖然這可能不符合他父親對兒子的期望。但只要可以讓民洙發揮所長，又能減輕焦慮的話，我相信最終他父親還是會答應的。

先了解自己，等未來遇到選擇合適工作或另一半這種人生關鍵時刻，比較能夠做出不悔的選擇。雖然我們不能改變過去，但可以藉由了解自己，創造更好的未來。

12

想受到萬眾矚目的病

芮智現年 22 歲，是夢想成為藝人的年輕女孩，即韓國人常說的「關種」[8]。身為練習生，芮智除了接受唱歌和跳舞的訓練以外，大多時間都花在 Instagram 及 YouTube 上，不斷上傳自己穿搭或吃美食的照片或影片；管理個人社群的時間，遠多於逛他人社群的時間。按讚數或瀏覽人數，都會影響芮智一整天的心情。雖然還沒出道，但芮智想獲得大眾關注的渴望，早已達到極致。她所採取的策略就是逐步上傳更具話題性、更能引起注目的內容，但如果瀏覽人數不見上升，她就會情緒低落、心煩氣躁，因太過在乎而失去了平常心。

某天，有人上傳了芮智表演的影片，但留言區清一色在批評她的外貌和舞蹈實力。芮智頓時覺得腦充血，像是被整個世界排擠了一樣。面對網路惡評，她覺得自己就像個透明人，內

8 關種是「關心種子」的簡稱，為韓國流行語，表示過度誇張地希望受到大家的矚目。

心脆弱地簡直就快破碎，甚至產生了想死的衝動。

那天晚上，芮智完全沒睡，一直在網路上找跟自己有關的惡評。部分內容讓她怒火中燒：「我絕對不會放過你們！」她憤怒到無法用正面心態化解，只能全部往心裡吞，導致她開始覺得：「我什麼都不想做。」、「反正大家都討厭我，我還是消失好了。」俗話說禍不單行，偏偏這時她又在電視上看到了跟自己一起當練習生、已經順利出道的朋友。心情瞬間盪到谷底。

醫師建議

因網路惡評而衍生的社會問題早已猖獗多年，或直接、或間接地導致藝人輕生，引發許多糾紛矛盾。而知名藝人自殺引起一般人模仿的現象，就稱為「維特效應」（Werther effect）。

網路惡評是必須根除的社會問題，不該由受害者自身默默承受，應由國家政府介入，訂立相關法規與網站管理條例。最近有些論壇、網站的系統已能禁止使用者發表對名人明星的惡意言論。

我想讓芮智知道的是，會在網路上留下惡意言論的人並不是真正的粉絲，也不是一般民眾，而是特定的極端分子。那種人惡意攻擊的對象不僅僅是芮智一人。所以無須為此耗費心力，也不要將個人私生活的影片及文章上傳社群，去吸引這些

維特效應 Werther effect

此指名人輕生後，一般人紛紛仿效的社會現象。「維特」出自德國文豪歌德（Johann Wolfgang von Goethe）的小說《少年維特的煩惱》（*Die Leiden des jungen Werthers*），這本書於 18 世紀末問世，在歐洲興起了一股模仿主角維特輕生的風潮。根據我個人研究團隊的調查發現，2005 年至 2011 年的七年間，韓國輕生身亡的人數高達 94845 人，其中 18% 自殺的時間集中於名人輕生身亡後的一個月內。[12] 一個名人自殺後的一個月內，平均一天有 45.5 人自殺，較之自殺前一個月的每日 36.2 名，增加了 9.4 名（25.9%）。20 代至 30 代的年輕女性甚至會模仿名人自殺的手法，而在名人身亡後，除了自殺率大幅提高，這種模仿比率增加的現象也尤為嚴重。[13]

網路酸民的注意。將精力用於創作出更好的作品，以此回饋「喜歡自己的人」，才是最重要的。

雖然因職業性質關係，芮智需要盡量獲得許多人的關注，但她沒有必要努力「討好所有人」，只要能吸引喜愛自己的粉絲就好。能否用實力及好作品來說話才是圈粉的關鍵，僅靠外表但沒有真材實料無法走得長久。

在此也希望芮智思考為什麼想當藝人？是為了受到萬眾矚目，還是希望作品及演出能感動他人呢？長期活躍於各領域的藝人，比起一時的人氣高漲，更希望回饋的對象的是一路走來始終專一、跟著自己一起慢慢變老的「鐵粉」，即使這樣的粉絲人數不多也無妨。

因為矚目程度不夠而沮喪，是在提醒芮智重新審視自己。自信心不是別人給你的，而是從自己所做的事獲得意義，感受到存在價值，逐漸建立起來的。

社會大眾關注的焦點瞬息萬變。與其成為穿搭和美食網紅，不如多請專業人士指導舞蹈及表演。我也相信那些能給予芮智客觀意見與忠告的人，未來就可能會成為真心替她加油的粉絲。

13

一到考試就拉肚子

州衡現年 40 歲，畢業於名校的熱門科系，學歷亮眼。他為了滿足父母的期待而準備考公務員，過去十年來都住在首爾鷺梁津一帶[9]。州衡不在乎讀書以外的事，沒有興趣關心別人的生活，也不想浪費時間注意社會新聞，不論是總統大選或震驚全國的大事，如世越號沉船事件[10]，他也是一副事不關己的態度。任何情緒感受對他來說就像奢侈品，現在的他沒有資格擁有。但是考公職考試沒有想像中順利，隨著備考時間越拉越長，他發現自己早就到了難以進入社會的年紀，因此下次考試勢必背水一戰。

---

9 韓國首爾鷺梁津站一帶，素以「考試村」聞名；舉凡各種公務員考試、教師資格檢定考試到大學入學考試，除了高等考試類的國考之外，幾乎所有考試都可以在鷺梁津找到補習班。

10 2014 年 4 月 16 日南韓發生的沉船事件。意外發生時世越號共搭載 476 名乘客，其中 325 人是去畢業旅行的高中生，共有 304 名乘客和船員在這起事故中罹難，為韓國 1970 年以來最嚴重的船難。

但是不論他如何調適心態，身體仍開始出現各種敏感相關症狀。其中最嚴重的就是「腹瀉」。州衡從幾年前開始就認為「腹瀉」是害他屢屢落榜的兇手。考試日期越逼近，他就越緊張，肚子還會隱隱作痛。而每到大考前一天，一定會嚴重腹瀉；應試途中也得跑好幾次洗手間，以致考得一塌糊塗。這種情況已屬家常便飯，所以他現在去考場的第一件事就是確認洗手間的位置。

州衡因為腸道變敏感，所以平時很注重飲食，幾乎不碰生冷食物。他也去內科照過大腸鏡，吃了醫師開給他的消化整腸藥，但都沒有什麼效果。而且即使服用止瀉藥，他的肚子仍會翻滾得很厲害，只能一直跑廁所。州衡後來想說一不做二不休，乾脆考試前一天禁食且滴水不沾，但這樣又會餓得渾身無力，依然考不好。如今，州衡只要一想到腹瀉害他無法發揮既有實力，心裡就無比焦躁。

醫師建議

對任何人來說，考試都是一種巨大的壓力。比較敏感的人由於考試時會過度緊張，而無法發揮原本平時的水準。根據他們的說法，只要考試鈴聲響起或拿到試卷的那一刻，大腦就會突然一片空白，什麼都想不起來。像州衡這種一緊張就拉肚子的情況，我們稱之為「腸躁症」。

人類的腸道與大腦的神經聯繫相當緊密，會互相傳遞接受訊息。如果大腦變得憂鬱、敏感，腸道也會一樣憂鬱而敏感。美國關於「腸–腦軸線」（brain-gut axis）的研究非常深入：腸道中的微生物因人而異，微生物代謝產生的物質會被血液吸收，進而影響我們的大腦。

有些人的大腦和腸道之間連結系統很敏感，只要壓力稍大就會影響腸道的蠕動和消化功能，有些人則並非如此。但腹瀉並非全然是精神壓力所致，吃了冰涼的食物或肚子著涼也一樣會拉肚子。而腹部一旦著涼，消化功能就會變弱。

州衡光是為了考公職就花了十年，光聽就令人心酸，也能理解這需要強大的耐力。但沒人能保證多念書就能考得好。唯有減緩一考試就容易緊張的情緒，才能在應考時發揮實力，考出好成績。

檢視州衡一天的時間表可知，他習慣自習，每天從早上八點到半夜一點，除了吃飯以外，都待在讀書室反覆複習備考。週末或逢年過節，雖然會晚一點起床，但仍然幾乎一整天都用來 K 書。如果念書時間是錄取標準的話，州衡早就考上了。但仔細觀察不難發現，他坐在書桌前的時間，有一半以上都在胡思亂想，例如：擔心即將到來的考試、對未來的焦慮、這次不能再讓父母失望了等。我還發現他的書桌貼滿了各種寫著反省、勵志小語的便條紙。

心臟所輸出的血液，有 15% 會供應給我們的大腦，唯有供給大腦足夠的氧氣和葡萄糖，減少緊張情緒，才能讓大腦發揮最大的功用。對州衡而言，最重要的是將吸收的內容轉為長期記憶：很早以前讀過的內容，到了考場上也記得起來。但這點並非投入大量時間就能做到，像他這樣「用竹籃打水」——記過就忘——是一定行不通的。他應該採取多元的學習方法來強化記憶，像是邊看書邊做模擬考題，或是和朋友成立讀書會，透過討論來加強記憶。將重點抄在小本子上，隨時拿出來翻閱也會有不錯的校果。與其花 30 分鐘讀完五頁，不如先花 20 分鐘大致瀏覽，隔天再花十分鐘精讀一次，這樣就有助於形成長期記憶，記憶的效果也更好。他在讀書時也務必要練習先快速瀏覽一次內容之後，再仔細閱讀。

考試時間越近就開始拉肚子的話，注意力會更加分散，人也會更容易緊張。此時若再想起落榜的惡夢，只會形成惡性循環。有這種情形的人，及時調整好身體狀態最為重要。考試前睡眠要充足，飲食也要規律，盡量選擇對腸胃刺激較小的食物，避免吃冰淇淋等生冷食物。

考試當天應提早一個小時到考場，先適應一下自己的座位。同時也要提前去洗手間，利用時間翻閱平時常看的重點筆記。注意考試開始及結束的時間，先預估好解題的速度。最好也要避免喝咖啡等有提神效果的飲料。

如果這麼做仍然無法改善腹瀉，就要尋求專業精神科醫師的幫助。醫師很可能會診斷為「焦慮障礙」或「腸躁症」，而對症下藥就能有效減緩症狀。

一旦克服了面對考試的障礙，一緊張就拉肚子的症狀自然會消失，身體也會恢復正常，還會發現自己變得煥然一新。我看過許多成功克服障礙、華麗變身的例子。他們最終都通過了考試，也順利成家立業了。我相信州衡一定也做得到。

虎頭蛇尾的頑固男

每個職場都有這種人：在計畫與執行初期一切很順利，但最後總是無法好好完成。先不論其實力好壞，但虎頭蛇尾必然會失去他人的信賴，類似情況一旦發生過幾次，同事就會認為與這種人共事準沒好事。而在中小企業上班的泰亨（38 歲）就是讓公司同事有這種感覺的人。

除了「個性敏感」之外，「收尾不夠乾淨俐落」、「常和組員起爭執」、「愛發脾氣」等都是別人對泰亨的觀感。他不到 40 歲就換了許多工作，這已是他待的第五家公司了。而最近正在進行的專案，泰亨又引起其他組員的不滿，他目前也在考慮離職。

泰亨是這麼說的：「每次執行新專案時，只要有人批評我的提案，或是要我修改，我就會無法接受。」他周遭的人則是時常抱怨他「太固執」或「事事都過於敏感」。換言之，他會被情緒牽著鼻子走，與人意見不合時又毫不掩飾激動情緒，不僅造成他人的困擾，整個團隊也會無法專心致力於拿出績效，只能勉強地完成專案。

像泰亨這種個性的人，跟妻子也處得不好。他們夫妻有個念幼稚園的女兒，因為兩人的教育理念南轅北轍，動不動就會吵架。尤其最近女兒不太適應幼稚園的環境，泰亨立刻推卸責任，將錯都怪在妻子頭上。他的妻子也是不服輸的個性，直接鬧離婚。每每爭吵過後，泰亨就會借酒澆愁，沮喪到不想活了，反覆自問人生怎麼會一塌糊塗。

醫師建議

在傳統手工藝盛行的時代，「職人」是不可或缺的關鍵角色，常被尊稱為「師傅」或「大師」（master）。他們可以數十年如一日，堅持每件作品都獨自一人親手完成。但是在現代社會中，很少有事是能一個人從頭到尾獨力完成的，往往需要集結眾人之力。每個人的習慣和想法都不一樣，要讓不同人齊心合力完成一件事的話，亟需與人溝通交流的能力。

想做到有始有終，最好的方法就是聽取他人的意見，並在時間內完成。當有人提出意見或批評時，應當培養這種心態：「他們不是單純想攻擊我，這些批評指教可以讓我成長，做得更好。」

向別人表達個人意見時，態度應和緩，慢慢說明清楚，設法讓對方產生共鳴。建議溝通時一定要先肯定對方的優點，即使自己的意見被糾正，也要真心誠意地欣然接受。遇到對方和自己意見相左，也要認真聽完，再不疾不徐地提出自己的看法。

工作中如果因爭執而鬧僵，不僅進度延遲，事情也很難順利完成。平常試著多和同事交談、培養感情，就能減少矛盾發生。可以試著中午請客或下班後邀對方去喝一杯。雖然表面看來是你吃虧，但其實不然，這麼做能增加雙方之間的信賴，緩解緊張氣氛。別小看一起吃吃喝喝，此舉對於推動工作進展頗有助益。

與妻子相處也是一樣的道理。一般來說，女性比男性更富有母愛，教養小孩的理念也跟男性有很大的不同。越是稱職的母親，越喜歡與孩子情感交流。以泰亨的妻子為例，她從女兒襁褓時期，就會時常看著她的眼睛微笑，女兒學走路時也會牽著她的小手，從旁守護。女兒上幼稚園後，她會打聽哪些同學跟女兒比較要好、邀來家裡一起玩，每天晚上也會邊摸女兒的髮絲，邊念書給她聽。如今女兒出了問題，泰亨卻認為是妻子沒盡到母親的職責，這說明了泰亨對於育兒毫無概念與常識。再說每天與泰亨吵架的妻子，怎麼還會有心力好好對待孩子呢？結果夫妻失和，受傷的往往還是孩子。

與孩子共讀、聊聊孩子的畫、分享彼此的情感與經驗等等，都是親子相處的重要關鍵。如果泰亨能多關心和尊重妻子的話，就會獲得意想不到的效果。因為孩子都是看著父母背影長大的。

總之，為了做人處事都能有始有終，無論家庭或工作，都需要好好溝通感情，彼此間也要擁有共同話題。多聽別人的意見，並牢記在心。至於「堅持己見」這一點，到頭來你會發現並沒有想像中那樣重要了。

稍有不順就想死

承哲是 24 歲的大學生，性格非常負面消極，遇到困難就常把「好想死」掛在嘴邊。但他並不是真想去死，只是想以這種極端的言論來表達自己有多痛苦。來精神科接受諮商治療時，他這樣敘述自己的內心世界：

「每次只要遇到一點困難，我就很想死。」、「雖然不是真的想死，但情況嚴重時，我也想過要不要乾脆死了一了百了。」、「有時我會覺得大家都在嘲笑我，想死的衝動在這時會特別強烈。」、「我喝了酒就容易大發雷霆。」

因此，每當在校成績不盡理想、和女友吵了架、挨了母親的罵、甚至只是肚子餓或玩遊戲輸了，他就會嚷著：「好想死！」

而承哲的家人並不知道，他真的企圖自殺過一次。那時他和初戀女友剛分手，酒後一時衝動地跑到漢江，想要跳河自盡。最讓他痛苦的是，他找不到活著的理由，心裡一直疑惑：

「活著一點樂趣都沒有，為什麼還要活著呢？」這種想法始終在他心中縈繞不去。

有天，他走在江南區的大路上，突然覺得來往的路人都盯著自己看，露出責難的眼神。「那些有說有笑的路人，也好像是在取笑我。」而且，承哲也常常看第一次見面的人不順眼。個性火爆的他，前幾天在公車站還因為有人插隊，差點大打出手。

和承哲喝過酒的朋友說：「一開始他會很嗨，然後漸漸變得格外敏感，開始對我們發脾氣，或是辱罵別人，我們都覺得很困擾。」他們也表示時常聽到承哲說想死。

承哲回想自己當兵時也因為個性出過事。承哲服的是警察替代役，退役時間較晚，當時部隊有個菜鳥犯了錯，承哲就大罵對方，並為此遭到懲戒。自此之後，他就連頭戴鋼盔、穿著軍服在車站等車時，也會覺得呼吸困難，而且更易怒了。

幸好承哲本人很期盼能從此擺脫想死的念頭，也決定改掉動不動就發怒的個性，但他究竟能不能做到呢？

醫師建議

俗語說得好，「一語成讖」，意思是無意間說出的話很有可能成真。所以我們都應該時時謹言慎行。要是常把「好想去死」掛在嘴邊，想死的念頭就會一直盤旋在腦海中揮之不去，導致每次遇到困難，就會認真考慮尋死，甚至真的付諸行動。

承哲口中的「好想去死」，大概等同於「好生氣」或「好痛苦」。他為什麼要用這麼強烈的字眼來表達？因為承哲帶有比一般人嚴重的「易怒體質」，尤其是喝了酒之後就會更加肆無忌憚。易怒體質的人講話有個共同特色——態度強硬，措辭極端。

韓國自殺問題現狀

根據韓國統計廳「2018 年國人死亡原因統計結果」，2018 年一年內，自殺而亡者共有 13,670 人，占全部死亡人數的 4.6%。同時也是 10 歲至 30 歲人口的死亡原因第一名，40 歲至 50 歲人口的死因第二名。韓國的自殺死亡率在經濟合作暨發展組織（OECD）國家中，高居第一。[14] 根據「2018 年心理問題諮詢結果報告」，270 名自殺身亡者中，有 92.2%（共 249 名）的人在事前會留下死亡預告等訊息（參圖 14）。[15] 而在 19～35 歲的年輕人中，和交往對象發生紛爭、分手後選擇輕生的人口，占總人口的 27.5%。[16] 成年前在原生家庭中經歷過心理創傷的人，也占了很大的比例。

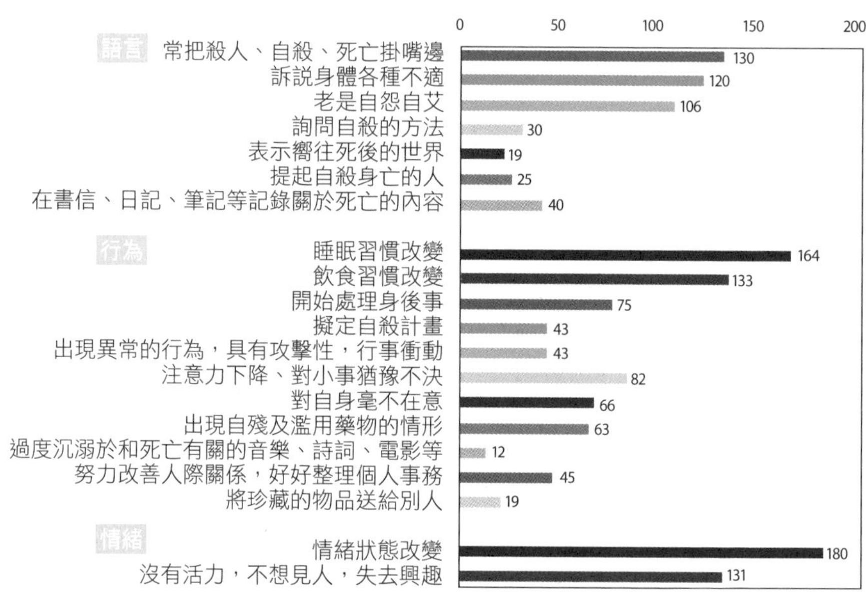

圖 14｜自殺者死亡前發出的警訊（可能同時或反覆出現）

據承哲母親表示，承哲和父親完全是一個模子刻出來的。他父親退休後，成天在家喝酒發脾氣。承哲的父親應該是無法適應社會生活的人，但好在他在退休前有努力堅持，沒有放棄工作。據說父親也跟承哲一樣，把「想死」當成口頭禪。或許承哲就是看著父親有樣學樣。

父母的性格和說話習慣可能會遺傳給下一代，或是影響子女甚深。有些人雖然小時候討厭父親酒品不好又暴躁易怒，長大後卻發現自己不知不覺中和父親變得越來越像。這就是所謂的「對施暴者的認同作用」（identification with aggressor，認同作用又稱仿同作用）。這樣的人敏感而尖銳，很容易暴怒。

他們也老是覺得別人都在盯著自己看，對自己不是責備就是嘲笑，即使是完全不相干的陌生人也一樣，而這種現象就稱為「關係意念」，好發於憂鬱症、焦慮症患者。如果真的去問那些人有沒有盯著承哲看，一定會得到否定的答案。至於喝酒時發生的爭端，也完全是承哲個人臆想出來的憤怒所造成的。

有這種傾向的人，有時在密閉空間會覺得喘不過氣；發脾氣或吵架的時候也會出現類似的感覺。因為喘不過氣就會更生氣，這時候如果不宣洩一下，就解不開心中的鬱悶。

「好想死」這句話，可以看作是把自身的攻擊性和憤怒，發洩在自己身上。首先，當你有尋死念頭時，不要開口閉口就是死，請換成別的話試試看，而且要改成正向語氣，例如：把「好想死」改成「下次會做得更好」；把「今天和女朋友吵架了，好想死！」改成「今天和女朋友吵架了，下次我要好好表現，不要再吵架。」其他類似的說法還有：「今天房間亂到不行被媽媽罵了，我要好好打掃。」

喝酒鬧事的人，酒醒後終究要面對自己的過失。自身的憤怒和攻擊性，一旦突然爆發會非常危險。這樣的人應該要找出不用喝酒，也能和朋友開心聚會的方法。尤其喝的酒酒精濃度越高，內心的衝動也會隨之飆高。盡量選擇酒精濃度低的酒類，並盡可能地減少飲酒。

最重要的是要找到人生的意義。人生的意義，是經由自己與他人的關係創造出來的。盡量結交可讓你感覺輕鬆、在一起時會開心到忘記時間流逝的朋友。對方可能與你有相同的興趣，或是上同一所學校。與人相處時，記得要認真傾聽對方的話，不一定要聊很嚴肅的話題，只要彼此多熟悉，分享一些愉快的事就夠了。

一旦創造了美好的人際關係，就能擺脫父母帶給自己陰影和影響。從以前到現在，影響承哲最大的就是他的父母，這不是承哲可以選擇的。但是承哲可以選擇他今後人生中想結交的朋友。就像一顆在河川上游、原本有稜有角的石頭，被河水沖刷之後變得圓滑一樣，認識各式各樣的人，自己的思考及態度也變得更加圓融。

溫和圓融的處事態度，可以讓你接觸到更多的人，交到更多好朋友。屆時你也會發現自己所處的世界其實非常寬廣，體會到「一種米養百樣人」的道理與樂趣。到時候也自然會知道該如何回答「我為什麼要活著？」這個問題了。就算你在目前所處環境中找不到答案，但隨著你和越來越多樣的人建立連結，反覆挑戰自我後，相信一定能從中找到生活的意義。

16

強迫自己像父親一樣優秀

我們可能都遇過這樣的人：父親是大學教授，但兒子別說是當教授了，就連考上父親任教的大學都很難；母親是校長，女兒卻連首爾近郊的大學都考不上[11]；父親是醫學院教授，兒子卻重考三次、好不容易才考上了偏遠地區的醫學院；父親是知名檢察官，女兒卻成天惹事生非⋯⋯40 歲的奉根就是如此，其父是一家中小企業的董事長，但他卻不像父親那樣優秀。

奉根的父親年輕時白手起家，如今年近八旬仍然每天早上七點上班，在工廠巡視一圈後就開始主持會議，堪稱勤奮務實的楷模。奉根在父親的公司上班，同事都知道他是老闆的兒子。但父親的優秀對奉根來說是一種負擔，他很厭惡自己處處比不上父親。而他的個性非常小心謹慎，為了不落人口實，他

11 韓國好的大學大部分都在首爾，因此韓國人普遍覺得首爾的大學才算是好學校。

在公司始終穿著得體，謹言慎行 。

然而，壓力不知不覺地越累積越多，最終還是爆發了。四天前的一場新品行銷策略會議，是由奉根負責上台簡報。會議進行之中，其父沒預先通知就進了會議室，當時在場所有員工連忙起身致意，幾乎沒人在乎台上的奉根。場面頓時有點混亂，很多人都開始交談，奉根則認為他們是在批評自己報告的內容。

這時奉根和某人四目相接，頓時一陣暈眩，無法呼吸。他的大腦就像電視畫面瞬間消失似的，眼前一黑倒地不起，等他醒來後，人已經躺在急診室了。

奉根在急診室做了核磁共振檢查，結果顯示並無異常，但他只要一進公司就會開始頭暈目眩。他每日的心情寫照不外乎：「突然不能呼吸，好像快死了。」「我沒有自信做好工作，我不想上班！」「心情憂鬱，每天都很疲倦。」「只要站在眾人面前就覺得頭暈，喘不過氣。」

奉根向父親表達想要離職，父親卻回以：「你這個沒出息的東西！」狠狠地教訓了他一頓。而奉根在挨罵時也覺得呼吸困難，眼前一片漆黑。

醫師建議

事業有成的父母，會把子女視為接班人，嚴加管教與栽培。儘管報章媒體也報導過作風開明放任的企業家父母，但大部分成功人士都傾向維持嚴格家教，希望子女的能力可以獲得公司上下全員的認可。

奉根在父親面前昏厥過好幾次。由於醫院方面都表示奉根的身體沒有問題，所以其父決定要更嚴厲地鍛鍊兒子。但奉根很擔心自己再次昏倒，也怕倒在別人面前顏面盡失，因而焦慮不已。

其實奉根從小就將父親視為榜樣。因為他是獨生子，外界自然將他當成家族事業的接班人。但是奉根似乎沒有遺傳到父親的行動力與領導能力，由於生性敏感害羞，他只要站在眾人面前就會非常焦慮，擔心出錯。

大多數高敏感人都無法公開發言或說話。觀眾或聽眾的眼神會讓他們倍感壓力，嚴重時還會引起恐慌發作。如果是經常、反覆出現恐慌發作的症狀，即所謂的「恐慌症」（panic disorder）。

奉根覺得好像突然停電一樣，眼前一片漆黑，這就是誘發了「迷走神經性昏迷」（vasovagal syncope），通常患者會極度緊張導致血壓降低，因而昏倒。

一旦出現恐慌症或迷走神經性昏厥的症狀，務必要立刻尋求精神科的協助。倘若處於不知何時會發作、昏厥的恐懼之下，生活品質只會大幅下降。

奉根為了能像父親一樣優秀，承受了很大的壓力。在他上

恐慌症 Panic disorder

指在毫無預警的情況下，反覆出現恐慌發作的情形。恐慌發作是指突然感到極度恐懼和痛苦，並在短短數分鐘內達到最嚴重的程度，發病期間，下列症狀中可能會同時出現四種以上。

- 心悸（心臟怦怦直跳或心跳加快）
- 出汗
- 發抖或顫慄
- 呼吸急促或喘不過氣
- 哽塞感（喉嚨有阻塞、嗆到感）
- 胸部悶痛或胸口不適
- 噁心或腹部不適
- 頭暈、步伐不穩、頭腦昏沉，快要暈倒
- 身體發冷或躁熱
- 感覺異常（感覺變遲鈍或有麻木刺痛感）
- 喪失現實感（感覺一切都不真實）或失去自我感（感覺自己的心智與身體脫離）
- 害怕失去控制或即將發瘋
- 害怕自己即將死去

迷走神經性昏厥 Vasovagal syncope

暈厥中最為常見的一種，又稱「血管迷走性昏厥」，通常會在身體及精神極度緊張時發生，因脈搏及血壓急速下降，造成腦部血液供應不良，進而在短時間內失去意識。主要肇因於引起巨大壓力和情緒緊張的事件。

前兆是臉色蒼白、冒冷汗，也可能伴隨著噁心感，眼前突然一片漆黑而昏厥。

台報告或被訓話時，壓力導致他的精神極度緊繃。在這種情況下，我建議他最好減少直接和父親面對面，或許可在公司其他部門看看有無自己更能勝任的職位。如果有距離總公司較遠的分部，去那邊上班也有助於緩解情緒。

奉根最好能先脫離父親的掌控，找回自主性，並試著做自己能力所及之事。他若是一直待在父親身邊，一緊張就很有可能再次恐慌發作。那樣不僅會讓他自信與自尊全失，還會因為在意其他同事的眼光而變得敏感，更加畏首畏尾。從依附父母的狀態中獨立出來，做到「分離與個體化」（separation-individuation）是人生中一段相當重要的歷程，不但能降低自身敏感程度，也能鍛鍊自主能力，累積靠自己主導而完成事情的經驗。離開父親之後，如果奉根能做出讓父親滿意的實績，自然就能提升自信心，也可以培養未來帶領公司走向成功的領導能力。

17 靠安眠藥才能入睡

很多人都有睡不著覺，而感到焦慮不安的經驗。雖然有人是因為工作忙碌而不得不犧牲睡眠，但大部分的人是躺在床上怎麼也睡不著，飽受睡眠障礙折磨。這些人大部分身心處於敏感狀態，因而無法入睡，進而再加劇敏感程度，陷入了惡性循環。

42 歲的職業媽媽勝熙，每天都要吃兩三顆安眠藥才睡得著，原因可回溯自一起事故。半年前，勝熙開車送孩子到幼稚園後，在前往公司的路上與對向一輛左轉的汽車相撞。她的車當場被撞到車體扭曲，幾近報廢，不幸中的大幸是勝熙幾乎沒有受傷。她與保險公司聯絡後，後續保險與雙方談和解的過程都很順利。但是從三個月前開始，勝熙突然變得做什麼事都提不起勁，只要一點細微的聲音都能讓她受到驚嚇。每次開車手握方向盤時，她就擔心會有車突然衝出來，而開得非常慢，完全不敢加速。後方來車常失去耐心對她狂按喇叭、超車搶道，司機通常還會惡狠狠地瞪著勝熙或直接罵髒話。

這一切都讓勝熙變得越來越敏感，還罹患了睡眠障礙（sleep disorder）。由於夜不成眠，勝熙只好去了附近的醫院看診並取得安眠藥，吃過藥才有辦法入睡。睡眠充足後，她的精神也恢復了，正覺得慶幸時，卻在某天早上打開冰箱時嚇了一大跳。因為裡面的食物全都不見了，好像有人刻意搬空似的。她立刻報警處理，但警方調查後發現沒有任何外力侵入的痕跡。

醫師建議

當我們的身體處於過度憂鬱或警覺的狀態，最先出現的明顯症狀就是晚上睡不著覺。第二天早上還要上班，但前一天晚上卻難以成眠，這種痛苦不言而喻。而且隔天好不容易拖著沉重的身體去上班，做事效率不可能太好，又會令人懊惱不已。

許多人在經歷車禍等意外事故後，會因驚嚇過度而開始失眠。勝熙在車禍後開始變得無精打采，還常被一些微小聲音嚇到。這都是車禍導致她大腦的「警醒程度」（arousal level）[12]變高之故。因此她會覺得周遭或住家樓上的噪音聽起來格外刺耳，丈夫打呼的聲音也讓她難以忍受。

---

12 「警醒程度」可視為「清醒程度」，意指人的神經系統接受到感覺刺激輸入時被影響的程度，用以表示一個人的感覺有多清醒。

睡眠飲食疾患／睡吃症 Sleep-related eating disorder

指人在睡夢中無意識且不由自主的進食行為。由於在睡眠狀態準備食材很容易受傷，也可能不小心吃進有害的東西，因此格外危險。此症狀在第一段睡眠（非動眼期睡眠）較容易發生，屬於非快速動眼期（NREM）醒來的異睡症（parasomnias）。如果有設置監視系統，就會發現患者在睡著後起床走出房間進食。有人吃完後還會整理餐桌和洗好碗後再重新入睡，但本人卻完全沒有這段記憶，而是懷疑家裡是否遭了小偷。此現象大多是因為服用安眠藥之故，但沒吃安眠藥的人也有可能出現這種症狀，這時就需要進一步就醫診斷。

關於安眠藥，短期服用還好，但不建議長期服用，因為很有可能造成「睡眠飲食疾患」（sleep-related eating disorder，又稱睡吃症），患者會像勝熙一樣在半夢半醒之間打開冰箱，無意識地吃下東西。

除了睡眠飲食疾患之外，飲酒後也可能不自覺地發脾氣或與人起衝突。當然，除了安眠藥，許多其他藥物也會引發上述症狀。

重要的是，勝熙在車禍發生之後、服用安眠藥之前，應針對憂鬱及警醒程度的問題就醫治療。勝熙不僅需要丈夫和家人的協助，自己也要努力減緩緊張情緒。一旦確認是安眠藥引起睡眠飲食疾患，最好先停藥，尋找其他治療失眠的方法。

大腦會透過杏仁核加深對於車禍的記憶。後來再發生類似情形時，我們就會不由自主地喚醒那段記憶，警醒程度也會跟著提高，導致睡眠中負責產生夢境的「快速動眼期」（REM）變長。而警醒度程度降低後，就能減少做夢，受驚嚇的次數也會隨之變少。此外，睡前應盡量避免攝取咖啡、綠茶、紅茶、巧克力等會提升警醒程度的食物，最好也不要滑手機或看電視。如果開車時會太過緊張，可以多利用大眾交通工具代步。勝熙的丈夫與家人也應盡量溫和待她，發脾氣或大吼大叫都會對她造成不好的影響。

車禍過後，儘管勝熙的身體沒有外傷，精神上卻受傷了。可以的話，休息一個月不上班或每天早點下班回家休息，都有助於讓她更快復原。與其人在公司卻心不在焉、無法好好做事，不如好好在家休養一個月，長期來看對她與公司都是比較好的作法。

意外事故的賠償拖得越久，容易帶來負面影響，幸好勝熙與對方很快就順利達成和解。照顧小孩的事也能與家人商量，暫時找人幫忙，現在她的首要之務就是減輕自身負擔。

18

擔心自己患有失智症

經常忘東忘西的人，有時會讓周遭的人不知所措。譬如甲總是記錯或忘記約好的時間，乙因此覺得甲方不夠重視自己，進而對他的印象變差。但事實上真正為此傷心難過的是時常失約的人。他們會討厭自己這麼健忘，變得越來越焦慮。

美妍是 48 歲的家庭主婦。她最近常出現令人哭笑不得的情況，像是把手機放進冰箱，或是錢包明明拿在手上，卻又翻箱倒櫃地到處尋找錢包。遇到這種情況時，她無法一笑置之，而是深感沮喪且益發焦慮不安。「我常常忘了關火，菜都燒焦了。」、「做什麼事都提不起勁，覺得很焦慮！」伴隨著健忘出現的症狀還有焦慮、精神萎靡等，嚇得美妍趕緊去醫院照了腦部磁振造影，也做了各種檢查，但結果都是「毫無異常」。

她的情況並未好轉。美妍有次忘了去接高三的兒子，讓他等了幾十分鐘，也常忘記繳水電費而必須繳交滯納金。她非常擔心自己得了失智症，一直在考慮要不要再做一次檢查？

在高敏感族群中，有許多人都表示記憶力明顯下降。但仔細檢查後會發現，他們下降的不是記憶力，而是專注力。舉例來說，他們可以記得剛聽過的單字，但加減數字時卻常常出錯。雖然他們很擔心自己秒忘剛剛說出口的話，但若有充分的時間慢慢回想的話，他們大多時候都想得起來。

根據我個人實際看診經驗，我發現注意力下降或患有憂鬱症的人，都因為擔心記憶力減弱而主動尋求醫師協助。反而真正的失智症患者，會因為缺乏病識感[13]，認為自己很健康，而是被家人帶來看病。失智症患者覺得自己沒有問題，實際上卻會亂藏東西或疑神疑鬼，讓另一半和家人感到疲憊。失智症通常發生在 60 歲之後，40 出頭的病例比較少見（參表 4）。

---

13 病識感就是「患者對自己健康狀態的知覺能力」，是判斷正常老化健忘與失智症的指標之一。

表 4｜老年憂鬱症 vs. 阿茲海默症

	老年憂鬱症	阿茲海默症[14]
發病年齡	60 歲前後	60 歲前較為少見
情緒表現	憂鬱	憂鬱或正常
憂鬱症狀	憂鬱、焦慮	面無表情或生氣
發病過程	突然發病，心情變憂鬱，記憶力減退	逐漸發生，與情緒無關，記憶力明顯下降
主觀記憶力差	常見。對自身記憶變差感到焦慮	認為自己沒有任何問題
記憶力下降	經過提醒後會想起來	怎麼想也想不起來，完全無法學習新事物
行動力	緩慢	正常
語言障礙	不常見	隨著症狀加重會漸漸出現
方向感	正常	經常失去方向感，例如找不到自己的家或洗手間
就醫情況	主動就醫，因為記性變差而擔心得病，能夠描述自己的狀況	在家屬陪同下就醫，認為自己沒有問題，容易懷疑身邊的人或另一半

14 英文是 Alzheimer's disease，是一種腦部神經退化病症，也是最常見的失智症。患者會逐漸忘記生活上瑣碎的事情，最終漸漸演變成遺忘周邊的人事物，甚至是自己的名字。

問答時間 Q&A

Q：憂鬱症會演變成阿茲海默症嗎？

・65 歲過後第一次得到憂鬱症的人，罹患阿茲海默症的比率為常人的 1.85 倍。[17]65 歲前罹患憂鬱症的人，則與常人無異。

Q：為了防止 65 歲後第一次得憂鬱症的人後來演變為阿茲海默症，我們應該怎麼做？

・積極治療憂鬱症，有助於預防海馬迴萎縮。[18] 好好控制血糖[19] 和血壓[20]，也可以預防阿茲海默症。

Q：鎮定劑會引發阿茲海默症嗎？

・鎮定劑可能會造成短暫的記憶力下降，但目前看來並不會引發阿茲海默症。[21]

這樣的人通常都有操不完的心。美妍就將全副心力都放在高三兒子的學業與升學之上。如果難以分辨是不是失智症，可以先檢查方向感。如果罹患的是失智症，不僅記憶力會下降，還會迷失方向感。症狀嚴重的患者會常常迷路，甚至忘記回家的路。

要注意的是，一直過度擔心自己否得了失智症，反而會對記憶力造成不好的影響。如果檢查結果判定不是失智症，就要堅定心智，不要再想失智症這三個字了。越是擔心記憶力有問題，記性反而真的會變差。憂鬱症患者只要集中注意力，就能順利回想起來，但給失智症患者再多時間，他們還是記不起來。

對四五十歲的人來說，預防失智症最好的方法就是適度運動與飲食管理，預防高血糖、高血壓及高血脂等症狀造成心臟及血管的負擔。每天最好散步 30 分鐘以上。即使再忙再累都要固定運動，對於提高記憶力和專注力有莫大的幫助。

19

ADHD 過動兒最大的障礙

20 歲的奇鉉個性十分敏感，最近因為無法適應當兵生活而提前驗退。他沒有復學[15]，而是選擇去餐廳打工。他覺得自己的人生就像「一張揉爛的廢紙」，一點都不喜歡重考三次好不容易考上的大學。父母整天嘮叨，也讓他心煩不已，只要父母又開始囉唆，他就會萌生「我要毀了這一切」的念頭。

奇鉉就是因為這種個性而被軍方驗退。在新兵訓練做向左轉、向右轉的基本訓練時，他因為沒聽清楚口令，被班長當面指出錯誤。滿懷怒氣回到寢室的奇鉉，忍不住喃喃自語，無法停止咒罵。長官發現後要求他去諮商室接受輔導。諮商結果顯示奇鉉是「高敏感、個性無比散漫又非常衝動」的人，因此判定讓他驗退停役。

奇鉉知道自己個性上的問題。他討厭父母的控管，認為班

---

15 韓國有些男性會先休學去當兵，等退伍後再回學校繼續完成學業。

長訂下的規矩太嚴苛，一開始本來覺得千錯萬錯都是別人的錯。直到他在餐廳打工之後，由於經常送錯餐點而被老闆指責，奇鉉一樣很快就怒火中燒，但心頭同時也湧上了一股悲憤的心情，他這才發現問題似乎出在自己身上。容易自責的人，應該很清楚那種看不見盡頭的絕望。奇鉉目前最嚴重的問題就是因注意力不足，導致做事經常出錯。

醫師建議

像奇鉉這樣的人，只要聽不清楚別人的話，就會非常痛苦與憤怒。這類人其實大多聽力或智力沒有問題，而是因為注意力無法集中而演變為間歇性暴怒症（intermittent explosive disorder）。以電腦來比喻的話，就好比鍵盤怎麼敲打都打不出任何字，所以電腦本身再好也無法發揮應有的功能。

注意力或專注力，是指能將注意力聚焦於單一事件的能力。舉例來說，在吵雜的咖啡廳中與人交談，能夠過濾掉其他噪音，將注意力放在對方說話的內容；視線也一直集中在對方身上，不會東張西望。如果是奇鉉在很吵的咖啡廳中與朋友聊天，他一定會是最沒辦法專心聽別人說話的人。相反地，如果將場景換成安靜的地方，他的表現就和一般人差不多。

情緒越緊張，奇鉉就會表現得更散漫。在陌生的部隊環境裡，要他和許多人同時接受集體訓練，原本就很低的專注力又會大打折扣。大考也一樣，越緊張就越難專心，成績通常都會比預期差。很多小孩從上幼稚園開始就表現散漫，無法安靜下來；進了小學後，因為無法好好坐在椅子上上課，顯得格格不入，不只時常挨老師罵，也無法和同學打成一片。

患有「注意力不足過動症」（attention deficit hyperactivity disorder，英文簡稱 ADHD，中文可簡稱過動症）的人，到了上大學的年紀，散漫的狀況依舊沒有改善，還會開始出現暴走等衝動行為。這時他們會經常和父母起衝突，也會突然情緒激動，彷彿就像患有間歇性暴怒症似的。奇鉉的狀況是散漫和失控的情緒同時影響他的社交生活，還讓他得了憂鬱症。他在心

注意力不足過動症
Attention deficit hyperactivity disorder（ADHD）

患者從小就出現注意力無法集中、精神散漫、坐不住、性格衝動等症狀。上課時無法好好坐在位置上聽課，手腳不安分地動來動去，有時也會過於躁進。成年之後則出現常換工作、無法調節憤怒、容易發脾氣等現象。注意力不足過動症分為以下三種亞型：

❶ 注意力不集中型（inattentive）

❷ 過動衝動型（hyperactive-impulsive）

❸ 混合型：包含以上兩種症狀

情低落憂鬱時，會變得更加衝動，就會跑去喝酒，飲酒之後更加易怒暴躁，更像危險人物。

奇鉉最好盡早接受諮商治療，以免演變為憂鬱症或酒精中毒。他也可以藉此機會接受醫師的診斷，充分了解自身的狀態。

另外，最好不要同時做好幾件事。注意力不足的人，應專心一次做好一件事就好。念書也一樣，桌上一次只放一本書，讀書的效果會更好。不管是在公司上班或是兼差打工，都要將交辦事項寫在筆記本上，一次只做一件事，按部就班地完成，就能預防出錯。因為一緊張注意力就會降低，所以做事前應做好準備、提早到達目的地，就會進展得更順利。飲酒過量時，情緒容易失控，注意力也會降低，因此應盡量少喝，而且不要獨自一人喝酒。

看父母、朋友，甚至是陌生人不順眼而想發脾氣時，先讓自己離開現場，等情緒平復下來後，再和他們見面交談，以免做出會引起法律糾紛的事，後果難以收拾。像奇鉉這種酒後容易亂套的人，要盡可能少喝酒並降低飲酒量。

20 克服童年的心理創傷

雖然我們在日常生活中常聽到「心理創傷」一詞，然而深受心理創傷折磨的人，就像深陷泥沼般找不到任何逃離的出口。一般而言，人們偶然處於足以喚起過去恐懼、傷痛回憶的情境或地點時，如果能夠成功掙脫出來，自然不會出現任何問題。然而若是有心理創傷的人，就會陷入一片漆黑的回憶中，彷彿回到了過去某個特定場景，再一次承受當時的痛苦與折磨，內心覺得自己成了一座孤島，周遭的人紛紛棄自己而去。

30 歲的政美沒有工作，每天都待在家裡。她很害怕面對人群，出門前都要做好幾次深呼吸，因此她一週只會出門一兩次，是外人眼中典型的宅女。她每星期只去一次超商，而且每次都必須有母親陪同。就算在家裡，她也總是感到憂鬱焦慮，心情難以平靜。

政美從小學開始，就會下意識地搖頭晃腦。因為她患有輕微的抽動症（tic），若了解此病症就比較能理解她的行為。不幸的是，當時她的父母並不知道這種病，而是不斷地提醒和斥責政美不要亂動，以為等她長大後自然而然就會好了。但政美不僅沒有好轉，反而越來越嚴重，性格也變得唯唯諾諾、畏首畏尾。對於這種異於常人的孩子來說，學校就是地獄。政美的同班同學總是會模仿她的行為，把她當成笑話，四處宣揚她的異常，然後就會有更多人加入取笑政美的行列。因此，學校變成了政美最害怕的地方，但是得知女兒在校是「問題兒童」後，她的父母並不是選擇保護女兒，而是以打罵方式，試圖強迫她改掉隨意抽動的毛病。

政美當然無法如父母所願，於是他們決定將她送到美國讀中學。幸好在美國求學期間，沒有人像韓國同學那樣模仿並嘲笑她的動作。雖然一開始因為不會說英文而遇到一些困難，但在政美努力不懈之下，她在上高中時英文已經非常流利了。只不過因為韓國腔調改不過來，班上有些同學會模仿她的口音，讓個性膽怯的政美又變得沉默少言了。

政美後來回到韓國上大學。那時她幾乎沒有出現抽動症狀，也無須擔心講話有腔調的問題了。照理來說，當時 20 歲的政美應該可以開心地度過大學生活。但她不僅無法與別人有眼神交會，也很怕與人交流。一下課就會立刻回家，現實生活中沒有半個朋友。

大學畢業後，政美沒有就業，每天都待在家裡看小說或追劇，有時也會看看時事評論等節目。時光匆匆，不知不覺中政美便邁入了 30 大關，父母看著自家女兒這樣虛度光陰，非常擔心。每次父母叫政美出門時，她總有藉口推託，還會引用一些犯罪事件表示：「外面太危險了，我不敢出門。」如今，政美願意聊天的對象只有兩個：母親和家裡養的黃金獵犬。

醫師建議

心理創傷本來是精神醫學界的專業術語，但現在儼然已是一般人日常生活中常用的名詞了。小時候的心理創傷會留下強烈的記憶，讓人即使成年後仍然深受其擾。

政美心理創傷的原因，與其說是「抽動症」，不如說是因抽動症狀而被同學取笑、被父母責罵的「童年記憶」。

聲語型抽動和妥瑞症會一直延續到成年以後，動作型抽動一般僅出現在兒童時期，會隨著年齡增長而漸漸消失。如果患者因此遭人取笑或受到父母責罰，抽動症狀會變得更嚴重，持續的時間也會變長。症狀嚴重的話一定要接受治療，但如果症狀很輕微，患者本人和家長不去理會也不要太在意的話，反而有助於病情好轉。

當年取笑、欺負政美的人，可能不知道自己不經意的行為，對政美的一生造成了不可磨滅的影響。當時發生這種情形時，學校老師應該及時制止，政美和家長如果也有向學校反映並充分溝通，情況就不至於變得現在這麼糟。政美的父母想靠

抽動障礙 Tics disorder

妥瑞症的主要症狀稱為 tic，可譯為抽動症、不自主抽搐、肌肉顫動等，意指突然出現迅速、相同、反覆且無節奏的動作或聲音，可分為動作型和聲語型，若兩種症狀同時出現且維持一年以上，即稱為「妥瑞症」（又譯妥瑞氏症）。

- 動作型抽動（motor tic）：眨眼、搖頭晃腦、聳肩等
- 聲語型抽動（vocal tic）：發出短促且無意義的聲音，如擤鼻涕、清喉嚨
- 妥瑞症（Tourette's disorder 或 Tourette syndrome）：同時出現以上兩種症狀，有時會尖叫

責罵來試圖改掉政美的抽動行為，絕非正確之舉。政美童年的心理創傷，讓她無法跟同儕好好相處，建立正常的人際關係。將她送去美國也只是治標不治本，反而會因為語言、文化的差異，讓她更難交到朋友。政美之所以習慣獨來獨往，是因為和朋友、他人相處時必須擔心被嘲笑與發病，而常常陷入深度焦慮。儘管如今抽動症狀已經好轉，但她 30 歲以前幾乎都待在家裡，也不參與任何團體生活，30 歲之後如果再繼續放任不管，政美的未來很難會有所改變。

政美需要慢慢嘗試掙脫兒時記憶的束縛，學著融入並適應

現實社會。與其努力忘掉過去的回憶，不如試著創造新的美好回憶，對她而言才能真正解決問題。政美應先改變自身的想法及行為，才有機會改善人際關係，融入團體生活，而且最好從最簡單的方法開始做起，也就是先學習專注於「此時此刻」（here and now）。第一步何不先試著踏出家門？政美與寵物狗黃金獵犬的感情非常好，這就是一個很好的契機，因為黃金獵犬不能一直關在家裡，必須定期帶出去散步。政美可以先從遛狗開始，將目標訂為：每天早上、中午、晚上都帶著狗狗到家裡附近的公園散步 30 分鐘，然後再慢慢地拉長時間。如此一來，她在完成目標的同時，也能順便運動，心情也會變好，自我滿足的程度也會隨之提升。再說由於每天早上就要出門，她的作息就會調整為早睡早起。

接下來，她可以嘗試延續良好的人際關係及持續接受心理諮商。政美還不習慣與他人交談或分享自己的情緒，因此可以先去離家較近的精神科接受正規的心理治療（psychotherapy）。雖然政美沒有朋友，但好在她與親妹妹同住。兩姊妹可以一起去參加讀書會，因為政美看過很多書及電影，和讀書會成員一定會有很多共通話題。

讀書會的人也一定會聆聽政美的心得，尊重她的想法。和他們相處應該會讓政美感到輕鬆自在，或許能進而發現交朋友的樂趣。但是，最重要的是一開始就要先找到與自己有相同興趣、愛好，而且懂得尊重自己的人，與之固定相處並建立正向的關係。

等人際關係有改善之後，愛煮咖啡的政美還可以開始準備咖啡師執照考試，或是去咖啡廳打工。請讀書會的朋友喝杯美味的咖啡，之後也能拓展生活圈子，去參加咖啡愛好者的聚會。慢慢地，政美就會發現世界並沒有她想像中的那麼危險，善良的人其實所在多有。她也可以考慮自願去幫助患有抽動症或身心疾患的兒童，每個星期挑一天去醫院念書給那些小孩聽，這會讓她感到非常值得且意義非凡。

由政美的個案可以知道，人際關係不會自動變好，想改善就需要有克服恐懼的勇氣。如果人與人之間產生了同理心，就容易變親近。將心理創傷化為力量，去幫助和自己經歷同樣痛苦的人，將能幫助你更堅定、穩健地走向更寬廣的世界。

21 被誤解的產後憂鬱

雖然希臘神話中的生育和助產女神伊莉堤亞（Eileithyia）廣受眾人景仰崇拜，但隨著時代更迭進步，現代女性已能自由選擇避孕或墮胎。生產再也不是女性應盡的義務，母愛或母性也絕非天生。不過韓國的輿論有點反其道而行。韓國政府不遺餘力地鼓勵生育，似乎相信只要推出良好的育兒政策，就能提高生育率。少子化成了國家大事，「產後憂鬱」卻被歸為女性個人要面對的問題。

恩英是 35 歲的上班族，育有二子，大兒子現年三歲，兩個月前剛生下老二。她本來準備回到職場，但最近卻無來由地感到憂鬱，也越來越敏感。她現在一看到小孩就怕，見到丈夫則只有滿腔怒氣與不滿。若問恩英有無把握照顧好兩個小孩，她會斬釘截鐵地回答：「不能！」若改問她重返職場能否迅速上手，只會看到她臉上露出灰暗的表情。

恩英最大的痛苦是晚上無法睡個好覺。新生兒的作息日夜顛倒，晚上隨時可能會醒來，一旦老二醒來，恩英再無奈也得起身餵奶或哄睡，結果哄著、哄著，她反而睡意全無。反觀她的丈夫只要一躺下就能立刻睡著，著實令人羨慕，而且即使孩子半夜哭鬧，也能呼呼大睡。這教想睡也睡不了的恩英情何以堪，怎能不怨恨呢？

恩英的敏感程度日漸加重，儼然變成「家庭的麻煩製造者」，家人始料未及之餘，也開始心生不滿。譬如說，不久前全家為老二辦了百日宴[16]，但那天恩英整個人格外陰鬱，在公婆面前一直板著臉，一口飯菜都不吃。婆婆雖然同為女性和母親，但畢竟是長輩，她對恩英說：「妳就這麼不歡迎我們來嗎？到底是哪裡讓妳不滿意了？誰沒生過、養過小孩啊？怎麼就妳特別難伺候？」婆媳問題，往往是現代夫妻失和的導火線之一。恩英夫妻也不例外，百日宴結束後兩人大吵了一架。正當他們吵得不可開交時，突然傳來孩子大哭的聲音，結果丈夫自顧自發洩完不滿後，氣沖沖地回房倒頭就睡。恩英非常心累，不但極度厭惡另一半，也覺得自己的孩子不可愛了。她還能恢復原本的自己嗎？

16 韓國人出生後不慶祝滿月，而是將一百天當成新生兒成長的里程碑，並且會為了祝福小孩健康成長而舉辦百日宴，邀請親朋好友一同慶祝。

醫師建議

產後憂鬱發病高峰是產後的六個月之內。因懷孕生產導致的產後身心障礙可大致分為：產後情緒低落（85%）、產後憂鬱症（12～13%）以及產後精神病（0.1%）。產後情緒低落大約會發生在產後的一星期內（即產婦坐月子期間），主要是因為體內激素快速變化所致，症狀多半會自行好轉。

從憂鬱感、失眠、情緒敏感等症狀研判，恩英應是患有產

產後情緒低落 Postpartum blue

常見症狀：

- 容易掉眼淚
- 突然擔憂健康
- 注意力降低
- 頭痛
- 經常發脾氣
- 難以入眠
- 感到孤單

護理方式：

- 盡量保持充足睡眠（嬰兒睡覺時，母親在旁一起睡）
- 家事分工（有人分擔家事或照顧嬰兒）
- 獲得情感上的支持（另一半的角色尤其重要）
- 規律運動

後憂鬱症。產後憂鬱症的初期症狀和產後情緒低落大致相同，但前者的症狀會逐漸加重，且持續兩週以上。產後憂鬱症的發生期間一般是在生產完後的一個月內左右，比產後情緒低落出現的時間點晚，但也不能排除產後數天內或數個月之後出現的可能性。

產後憂鬱症 Postpartum depression

常見症狀：

- 失眠
- 心情低落、無助感、罪惡感、身心疲累
- 意志消沉，毫無活力
- 覺得自己沒有能力照顧嬰兒
- 無法開口說話或寫字
- 焦慮不安，恐慌發作變頻繁
- 容易對他人感到憤怒

註：以上症狀持續兩週以上

恩英生完老大後也出現過類似症狀，但沒有第二胎嚴重。據說其母和姊姊也都得過產後憂鬱症。恩英在生理期的前一週就會開始煩躁易怒、情緒變敏感，還會劇烈頭痛，等到生理期來了症狀才會好轉。這就是所謂的經前症候群（premenstrual

哪些人容易罹患產後憂鬱症？

- 得過憂鬱症、躁鬱症、恐慌症、進食障礙、強迫症等
- 生完孩子後身邊無人幫忙
- 壓力過大，或同時遭受多種壓力（與家人爭吵、搬家、換工作、經濟困難、非自願懷孕等）
- 有產前憂鬱症、經前症候群、懷孕不易
- 母親罹患過產後憂鬱症

dysphoric syndrome，簡稱 PMS）。

恩英的身體似乎對雌激素的變化十分敏感。產後和生理期來之前，體內的雌激素會下降，因而出現憂鬱、焦躁等情形。打排卵針或服用抑制雌激素藥物的人，也會出現類似症狀。

如何預防產後憂鬱症

- 維持睡眠充足（避免攝取咖啡、酒精或含咖啡因的飲料）
- 盡量多休息
- 飲食均衡並補充足夠水分
- 多和另一半分享自己的情緒或憂鬱的心情
- 維持規律的運動
- 每天早上曬 30 分鐘太陽

丈夫的態度和角色，關係著恩英能否盡快好轉。恩英生完孩子的六個月內，丈夫一定要加倍體貼和付出關心，家庭幸福才能長久。光靠恩英一個人努力是不夠的，夫妻兩人要一起了解產後憂鬱。她的丈夫至今似乎沒有盡到育兒的責任。我建議有類似遭遇的妻子，應和另一半一起接受心理諮商。通常男性在妻子產後心情會變得比較放鬆，但重頭戲是小孩出生後才開始。以下列舉產後憂鬱症的注意事項，做丈夫的都應熟記才能提供有效的協助。

產後憂鬱症照顧策略（夫妻教育）

- 夫妻一起認識產後憂鬱症：丈夫務必給予妻子有力的支持
- 症狀變嚴重時，請立刻就醫
- 白天請人幫忙照顧小孩
- 確保妻子睡眠充足：如果嬰兒半夜經常哭鬧，可考慮嬰兒與母親分房睡
- 先生盡早下班回家陪伴及幫助妻子
- 丈夫應向雙方家庭長輩說明妻子產後憂鬱的情形，避免不必要的誤會

剛生產完的妻子亟需丈夫能盡早下班帶小孩（包括陪小孩睡）。在此也提供恩英丈夫一個小祕訣，每天不妨在固定的時

間打電話給妻子，預告到家的時間，並詢問是否需要幫忙買東西。這麼做可以幫恩英省下很多事，尤其媽媽一人要帶兩個小孩出門採買相當辛苦。

丈夫的角色與作用，對妻子和新生兒都很重要。嬰兒出生時大腦尚未發育完全，出生後的六個月內則是大腦發育的黃金時間，此時掌管語言、感受、高級認知功能的神經網路會迅速發展。有產後憂鬱症的母親無法明確回應嬰兒的需求，嬰兒也能感受到母親的焦慮，進而影響到媽媽寶寶之間的親密關係。母親與子女的關係，是孩子長大後與他人建立正常人際關係的基礎。

想建立與孩子的親密關係，最好的方法就是常常看著孩子的眼睛微笑，如果孩子也跟著張嘴微笑、甚至笑出聲來，這種笑容就叫做「社交微笑」（social smile）。這對孩子的發展有很大的幫助，也能讓孩子透過母愛，體會到這個世界的溫暖與平和。

長遠來看，在孩子一歲前，父親早點下班回家吃飯，把晚上和週末假日的時間都用來陪伴照顧妻兒，遠比等孩子上學後，花錢讓他們上補習班來得更有意義。這麼做既能幫助妻子早日擺脫產後憂鬱症的困擾，孩子的大腦也能發育良好。而母子之間先形成穩定的親密關係，也能為父親與子女日後的相處奠定良好基礎。

陷入憂鬱的妻子，可能會引發不少誤會，這點做丈夫的一定要關心和包容。丈夫最好提前告知雙方父母與家庭妻子罹患了產後憂鬱症，獲得家人的理解與幫助。

22 我的女友經常自殘

民亨今年 28 歲，女友很漂亮又極富魅力。不只他自己這麼覺得，每個見過他女友的人都會問：「你是怎麼交到這麼讚的女友？」民亨的女友不僅外貌出眾，工作能力也很出色，目前擔任一家購物網站的執行長。但在光鮮亮麗的外表下，她的身體卻是傷痕累累，布滿用小刀自殘的傷疤，每道傷都訴說著她的生活有多焦慮，以及依賴男友的程度有多高。

民亨最近對女友的感覺漸漸變淡了，因為她的情緒起伏太大，動不動就會傳訊息，如果民亨沒有馬上回覆，女友就會發脾氣。民亨實在受不了，一週前提出了分手，結果一小時後接到女友的電話表示自己割腕了，要民亨帶她去掛急診。看到民亨立刻趕過來帶自己去醫院，還一直陪在自己身邊，女友露出了滿意的表情。

民亨女友的社群上滿是華麗的名牌和衣服，以及她到各國旅遊的照片。一開始民亨沒有多想，但慢慢發現這只是女友想炫富和刷存在感的表現，她的內心其實很空虛。民亨很想幫助女友，畢竟對她還有感情。但一想到兩人的未來，他又喪失信心了。他發現女友就像行屍走肉，除了財務狀況堪憂，毫無生活品質可言，她的焦慮感似乎也逐漸傳染給民亨了。

醫師建議

我們時常會看到有人活得很高調，渴望眾人的目光。這種人業配商品賣得很好就會心滿意足；上傳到社群網站的照片有很多人按讚，就覺得日子很充實。人人都希望被關注，而且在很多情況下，自我彰顯的確有效。但如果太執著於這種光環，一旦沒人關注就難以承受，就算是病態行為了。

自殘，是能馬上獲得注意的一種方法。自殘的人過去多半都有問題，從他們童年和父母的關係即可見端倪。大部分會自殘的人，從小就在父母的控制下長大，父母無論大小事都要干涉。為了脫離父母的支配，讓父母願意傾聽自己的想法，大多數人會藉由「某些行動」來博取關心，或是乾脆規避該負的責任與義務，這就叫做「附帶收穫」（secondary gain）。現代人在成長過程中的責任義務，基本上就是「學習」。

不斷出現自殘行為，不僅會造成身體上的傷害，最後也很有可能走上絕路。自殘者待人處事往往忽冷忽熱，矛盾而兩極化，就像獨自被關在城堡裡與世隔絕的王子或公主一樣，最後多半會遭到眾人孤立。如想幫助自殘者走出陰影，平時就要多關心他們。倘若家人或另一半只會在自殘者傷害自己時表示關懷，自殘行為將會變成他們重複使用的一種手段。對於民亨的女友，多稱讚、以平常心對待較為適當。他的女友也要練習不靠傷害自己，而是透過其他正常手段來承受、度過挫折與難關。

邊緣型人格障礙 Borderline personality disorder

與人交往時焦慮不安、有自我認同障礙、情緒極度不穩、出現極端行為、相當衝動等現象，同時伴隨以下症狀：

- 曾被拋棄，或幻想自己被拋棄過，因而努力不再被拋棄
- 對人際關係感到徬徨，在極端理想化及極端厭惡的情緒中反覆轉換
- 對自身形象焦慮不安，經常覺得身分認同混亂
- 經常表現得很衝動
- 有自殺行為、自殺傾向，或以自殺威脅他人
- 情緒不穩定，面對外部環境會出現極端反應
- 長期感到空虛
- 無法控制憤怒情緒，容易情緒暴走
- 暫時或長期出現與壓力有關的妄想，或嚴重解離現象

也就是說，最終目標是不論有沒有他人的關注，都能維持自信心。舉例來說，對於經營網路購物商場的民亨女友來說，與其在意商品銷量及到訪人數，不如從中尋找能讓自己開心和滿足的事。萌生自殘念頭時，可以靠運動或冥想來消除。身邊若有能讓自己放鬆的朋友或另一半，也有助於維持心靈的安定。

民亨女友有著典型的「邊緣性人格障礙」(borderline personality disorder，簡稱 BPD 或「邊緣人格」)，她會用盡手段讓周遭的人關注自己。當她可以透過自殘行為來達到目的，邊緣人格就會變得更嚴重。因此，幫助這類人重拾自信最為重要，同時也要勸她接受正規心理治療。

23 越晚越想吃東西，而且吃超多

寶金是 40 歲的家庭主婦，身高中等，體重過重。她生活中唯一的樂趣就是每天晚上邊看電視，邊吃炸雞、披薩配啤酒。她是夜貓子，越晚精神越好，通常要到半夜三、四點才就寢，睡不到幾小時就起床幫先生和小孩準備早餐，送小孩上學之後再回家睡到中午。寶金已經維持這樣的生活模式好幾年了。

但寶金這半年內整整胖了 12 公斤，丈夫越來越嫌棄她的體重。雖然批評別人的外貌是社會大忌，但家人之間是百無禁忌的。寶金吃飯時，先生會皺眉、毫不留情地說：「每天只知道吃吃吃，妳還會做什麼？」還會指著寶金的肚子嘲笑她是不是快生了。寶金感受到莫大的壓力，特地辦了健身房的會員想運動瘦身，但只去一次就放棄了。她也發現自己就算想出去走走，也沒有適合的衣服可穿，漸漸地就不太出門了。寶金的問題出在單純的意志力薄弱嗎？

情況比想像還要嚴重。不久前寶金的健檢結果顯示她有輕微高血壓，而且還被判定是糖尿病高危險群。才剛過 40 就有罹患慢性病的風險，對她著實是不小的打擊。雖然醫生建議寶金要控制體重，並搭配適度運動，但一到晚上寶金就忍不住去開冰箱找東西吃。她知道不能再這樣下去，於是把冰箱清空，但最後卻跑去便利商店買一大堆零食回家吃光。她實在控制不了自己到了晚上就異常旺盛的食慾，感到十分無助。

醫師建議

寶金因為被丈夫嘲笑而壓力很大，反而變得更胖。丈夫不該取笑寶金的體重和外表，而是要關心她的健康，陪她一起找出恢復健康飲食的方法。

我們的身體有調節食慾的功能。如果胃裡已經裝滿食物，卻還繼續吃東西的話，就有可能損傷腸胃機能。血糖太高，會對血管和心臟造成很大的負擔。當食物攝取充足時，脂肪細胞會分泌一種可以抑制食慾的荷爾蒙——瘦體素（leptin）。瘦體素可以刺激飽食中樞，讓我們減少或停止進食。但是對寶金來說，每天晚上追劇吃炸雞、披薩是她一天中最幸福的時間。這時，她的身體接受不到瘦體素發出的飽足訊號，容易不自覺地一直吃下去。

瘦體素 Leptin

由脂肪細胞所分泌的一種激素，會在大腦中的下視丘發揮作用，抑制食慾及消耗能量，進而避免人體囤積過多脂肪。瘦體素濃度和體脂肪多寡成正比，當脂肪量增加時，細胞會釋放瘦體素來抑制食慾，減少脂肪含量，同時也有助於增加熱量消耗。[22]

當飲食攝取過量時，身體接收不到瘦體素的作用，反而會產生瘦體素阻抗（leptin resistance）的現象。瘦體素阻抗是指體內瘦體素的濃度過高時，引發大腦的抵抗反應。有肥胖基因的人，就算吃下等量的食物，飽足程度也會比一般人低。甜食、碳酸飲料等零食會提升瘦體素阻抗現象，所以要盡量少吃少喝。此外，壓力大和睡眠不足也是引起瘦體素阻抗的兩大原因。吃飯時應細嚼慢嚥，多攝取黃瓜、紅蘿蔔等能夠增加飽足感的食物，同時促進瘦體素分泌，減少脂肪堆積。[23]

晚上吃太多，早上又晚起的話，身體終究會拉警報。不僅體重增加，還會引發糖尿病、高血壓等慢性病，也會導致失眠而日夜顛倒，憂鬱症也會隨之而來，因為瘦體素能刺激大腦中樞神經，與憂鬱症有很大的關聯。

對寶金來說，改變作息是恢復健康和減重的不二法門。送先生和小孩上班上學後，馬上睡回籠覺是很不好的習慣。這會讓她到了就寢時間卻睡不著，打亂一整天的作息。我建議她每天早上八、九點可以外出散步、曬曬太陽。陽光可以抑制褪黑激素（melatonin）分泌，保持大腦清醒。

在孩子放學回家前，寶金可以看電視或看看書。現在有許多頻道可以讓我們不受時間限制，隨時收看喜愛的戲劇節目。但要注意的是，追劇時不能吃炸雞或披薩，也不可喝啤酒。真要吃的話，只能選擇小黃瓜這樣的蔬菜。堅守此原則的確很難，但很多人實際做了以後都有顯著的效果。此外，飲料可以選擇麥茶或玉竹茶[17]，比咖啡或含糖飲料健康很多（要做到這點更難，但習慣成自然）。白天就算很睏也堅持不睡，就能漸漸找回正常的睡眠節奏。

下午小孩補習時，寶金可以去健身房做皮拉提斯。對了，如果獨自一個人沒有動力，何不找三五好友一起運動呢？持之以恆的運動，可以讓心情變好，減少想喝酒的欲望。睡覺前喝酒的話，一旦醒來就難以再入睡。這是因為酒精在肝臟中代謝，隨著尿液排出體外時，身體會出現酒精戒斷的現象，保持頭腦清醒。

服用苯丁胺、利尿劑等藥物，會對精神狀態造成不良影響。苯丁胺廣泛用於減肥藥，雖然可以抑制食慾，但會產生心

17 玉竹是一種草本植物，可供藥用或食用，潤肺、養胃、滋陰、抗衰老，玉竹茶是韓國家庭或餐館常見飲品。

血管方面的副作用，也會加重憂鬱症、失眠等精神疾病，讓人變得暴躁、容易衝動，因此要多加注意。

總的來說，想改善晚上暴飲暴食的習慣，就要先改變每天的作息。白天盡量多動，減少夜間活動。白天活動量夠，就能增加瘦體素分泌，進而降低食慾，體重自然就會減輕。

24 開車過隧道的恐懼

在我們周遭，害怕開車的人其實不少。這類人多以大眾交通工具代步，即使婚後買了車，也會讓另一半開。但有時會遇到非開車不可的情況，例如從富川到坡州開車只要 30 分鐘，但搭大眾交通工具卻要一個半小時，趕時間的話只能開車上路。

朱穎是患有駕駛恐懼症的 40 歲職業女性。由於新公司離家很遠，搭公車或捷運上班要換好幾次車，非不得已只好開車上班。對她來說，開車毫無樂趣可言，每次上路都得提心吊膽，深怕萬一。但其實她以前只發生過一次小擦撞，從未出過重大事故。

朱穎最怕開上高速公路，尤其是要過隧道的路段。她通勤的路上一定會經過一個隧道，每次過隧道時，她都會喘不過氣而必須降低車速。不久前，某隧道發生重大車禍的新聞一出，她過隧道的痛苦指數又更高了。儘管她都希望能快速通過，但有時遇到塞車行進緩慢，或一動也不動時，朱穎都會嚇出一身冷汗。

而開車過橋時，她只要想到下方是河，就覺得非常恐怖，即使正在開車也恨不得閉上眼睛。如果橋面很寬，看不到下方就還好，但行駛在首爾奧林匹克大道或小橋上時，她總覺得車子會衝出左右護欄，緊張地全身僵硬。倘若後方汽車按喇叭示意要超車，從她旁邊的車道呼嘯而過時，她也會嚇到快停止呼吸。

醫師建議

很多人都對駕駛心存恐懼。據說對駕駛過於敏感的人，本來行事就相當小心謹慎，基本上不會發生重大事故。但與一般人不同的是，敏感的人開車往往會消耗太多精力，導致到了公司或回到家後，該認真上班或做家事時，都已筋疲力盡，什麼事都做不了。

正常來說，開車是開得越久，越是得心應手，新手上路的緊張程度也會隨經驗遞減。但有人不管開了多久，行經隧道或高架橋時還是會很害怕。朱穎也知道自己有點誇張，但身體就是會不自覺地做出恐懼反應，老是擔心會不會出車禍。

每次朱穎開車，她的丈夫坐在副駕駛座上也會嚇得冷汗直流。因為朱穎焦慮痛苦、呼吸急促的模樣，也傳染給了旁邊的

特定恐懼症 Specific phobia

對特定情況或對象產生深層焦慮和恐懼，因此會設法避開或預防。特定恐懼症十分常見，尤其好發於女性。一般分為四種類型：

- 動物型（animal type）：害怕爬蟲類、老鼠、昆蟲、貓、狗等動物
- 自然環境型（natural type）：對暴風雨、高處、水等自然環境產生恐懼
- 血液／打針／受傷型（blood/injection/injury type）：害怕看到血、怕打針等
- 情境型（situation type）：害怕搭乘大眾交通工具，對隧道、橋梁、電梯產生恐懼，尤其是密閉空間

人。坐朱穎的車時，丈夫沒有一次是輕鬆自在的。

朱穎的情形即所謂的「特定畏懼症」（specific phobia）。

對隧道和高架道路的恐懼，屬於「情境型」。除了隧道，飛機、電梯、捷運、公車、百貨公司、磁振造影（或電腦斷層掃描）檢查室等密閉空間，都有可能發生特定恐懼症。在醫院照磁振造影時，常有人因太害怕而喊卡，嚴重時還需要服用或注射鎮定劑才能繼續檢查。

大腦中掌管恐懼的部位是杏仁核，如果杏仁核在不危險的情況下過度活躍，會引起交感神經亢奮，進而引發恐懼情緒。換句話說，他們並非是親身經歷了危險恐怖的事件而產生恐懼心理，而是對恐懼本身過於敏感所致。

有很多人跟朱穎一樣有類似的恐懼症。他們應知道這是特定恐懼症的一種，並下定決心努力去克服它。身體狀況不好、情緒較敏感的時候，就搭乘大眾交通工具上班，等身體狀況不錯時再自行開車。盡量避免飲用咖啡或含咖啡因的飲料，以免刺激中樞神經和交感神經，導致精神過於亢奮。開車時突然呼吸困難時，不要急著大口喘氣，可以慢慢嘗試「腹式呼吸法」。車內溫度不要調得太高。呼吸不順時可以打開窗戶，讓空氣流通。

有駕駛恐懼症的人，盡量不要開在車速較快的中間車道，改走外側車道；開車時將手機調成靜音，不要接聽任何電話。此外，需要開車上班時，最好提早出門，以免擔心遲到而過於緊張焦慮。

不喜歡麻煩別人的主管

恩善是個善良、有魅力的 42 歲職業媽媽，在公司擔任行銷部科長，為人親切、毫無主管架子，從不會將工作推給下屬。部長也很喜歡恩善，因為她不會推工作，總能使命必達，即使是工作範圍以外的事，她也會欣然答應。

但與外表不同的是，恩善的內心其實很複雜又敏感。由於個性使然，她生怕會被討厭，所以總是來者不拒。她的下屬都能準時下班，反而是恩善天天加班，回到家中還得處理家務和照顧小孩，結果她也快吃不消了。

遭人八卦非議時，很少有人能心如止水，堅若磐石。事實上，一般人的內心並不像石頭般堅硬，而是像玻璃一樣脆弱，丟個小石子就能輕易打碎。最近就發生了一件讓恩善心碎的事。幾天前，她無意間聽到 A 同事私下八卦的內容：「恩善是為了升職才對部長唯命是從吧。」B 同事則附和：「看她做事就不爽，老是裝善良，連新人都會把份內工作丟給她做。」

聽到這些話，恩善忍不住哭了。工作量大到快不能負荷，同事們還在私底下說自己的不是。再說最近部長對有些工作的成效不甚滿意，恩善向部長解釋：「最近我負責的工作太多了，所以才無法準時完成。」結果部長反而怪恩善：「妳應該和組員合力完成，而不是傻傻地什麼事都攬在自己身上啊！」恩善非常茫然，不知道這份工作還要不要繼續下去。

醫師建議

恩善不愛麻煩別人，並盡量為他人著想的個性，很值得讚賞。但她為什會把自己搞得這麼累呢？說實在的，我們要仔細思考這個問題：恩善真的是為了大家好嗎？說不定她只是「無法忍受大家不喜歡自己而已」。她擔心一旦拒絕部長交辦的任務，會被部長討厭，因此只好全部概括承受，一手包辦。她也擔心將工作分派給下屬，他們會因為工作量增加而對自己產生反感，所以連問都不敢問。

我們都需要承受被人討厭、批判的壓力。請試想，有一種人希望身邊所有人都喜歡自己，因此會努力討好所有人，讓個性不同、形形色色的人都對自己很滿意。但不管再怎麼努力，一定會有人不喜歡自己，為了少數幾個人而傷心不已。事實上，想讓全世界都喜歡自己，根本是種奢求。我們都會是被某些人討厭的對象，也會被人說閒話。尤其恩善並非為了自己，而是以公司利益為出發點，相信終究會有人理解她的盡責與善良，對她改觀。

其實恩善小時候受過心理創傷。她的兄弟姊妹都有念幼稚園，但因為父親換公司之故，家裡只有恩善一人沒讀幼稚園，直接上小學。當時滿心期待上幼稚園但希望落空的遺憾，一直留在恩善的腦海裡。似乎就是從那時開始，恩善就不會對父母鬧脾氣；也是從那時開始，任何要求她都不會拒絕，因為她想好好表現給父母看，讓父母更喜歡自己。

分配工作、下達指令，都是主管重要的職責。如果上司做了所有的事，反而會成為阻礙下屬成長的絆腳石。管理者應該平均分配工作，設定每人應完成的標準與時間，不再把別人該做的事攬在自己身上；超出自己能力範圍的工作就直接拒絕，專心做好分內的事。如此一來，管理者將更能掌握大局，也更有餘裕評估整體利弊得失。

恩善還要體悟到這點：被少數人拒絕、批評和討厭，沒什麼大不了。能從事喜歡的工作，與其他人一起合作把工作做到最好，才是最理想的職場。恩善要是也能學會溫柔地拒絕他人不合理的要求，那就更好了。

26 無緣無故頭暈

現代社會把很多疾病的原因都歸諸於「精神壓力」，我們生活周遭患有耳石脫落症、前庭神經元炎（vestibular neuritis）、梅尼爾氏症 (Ménière's Disease)、耳鳴的人越來越多。美希今年 32 歲未婚，在管弦樂團擔任小提琴手，她最近出現了一些耳疾患者才有的暈眩症狀，尤其是在演奏小提琴時，只要一轉頭就會暈眩發作，讓她難以忍受，因此去耳鼻喉科做了檢查。

而檢查結果一切正常。雖然是好消息，但美希寧願自己患有耳疾，就能放心接受治療，但結果顯示她聽力正常，耳膜也沒有問題，反而讓她不知所措了。針對她的症狀，耳鼻喉科醫師表示「應該是壓力造成的」。

對此美希無法認同。她從小學開始拉小提琴，多次登台演出，幾乎沒有遇過什麼挫折。她目前在樂團的地位穩定，經濟上也沒有負擔，和親朋好友、團員都相處得很好。所以她去大醫院再做了一次檢查，但結果還是一樣。美希的父母擔心她壓力太大，勸她請假休息幾個月，但即便是在家裡，她只要一緊張還是會頭暈目眩。她覺得自己的問題，似乎不是單純休息就可以解決的。

美希很喜歡表演，熱愛自己的工作。她和樂團指揮關係很好，自身能力也獲得認可，她無法理解自己怎麼可能壓力過大，反而開始懷疑是不是得了其他疾病，終日惶惶不安。

醫師建議

倘若經常出現暈眩現象，一定要去耳鼻喉科檢查是否為耳石脫落症、前庭神經炎等疾病。但也有很多人像美希一樣，檢查過後耳朵、前庭系統及大腦都沒有問題，症狀卻還是持續出現。美希雖然自己沒有自覺，但她的交感神經時常處於亢奮狀態，導致她出現焦慮不安的症狀。她在演出時經常擔心自己會不會出錯影響團員，也擔心團員會意外失誤，所以直到演出結束之前，一刻都無法鬆懈。

古典樂表演場地通常都採屋頂挑高設計，演奏者要面對的是觀眾的目光。這時在廣場恐懼症的驅使下，人們會倍感緊張。廣場恐懼症即指在空曠場地、公共場所中一般人無法立刻離開的空間，而且當事人不得不獨自一人面對，因而產生孤立無援的恐懼感。仔細觀察美希後，我發現她還有一點手抖，這是她在開始暈眩後才出現的症狀，對演奏影響極大。

美希上網搜尋相關資訊後，擔心自己是不是得了帕金森氏症。但是帕金森氏症幾乎沒有 30 歲的病例，通常要到 50 歲之後才會發生。雖然帕金森氏症會出現手抖症狀，但通常是一隻手比較嚴重，大拇指和食指會很像在數錢似地不停來回抖動，行動遲緩，身體僵硬，臉部表情也會漸漸減少，跟美希的症狀不太一樣。美希應該是因為廣場恐懼症發作，導致情緒變得緊張，引發手抖和暈眩。

美希很喜歡喝咖啡，每天喝的咖啡比水還多，有時一天還會喝到十杯。她也愛吃巧克力，偶爾會服用含咖啡因的頭痛藥，最近還因為感冒在吃感冒藥。美希的症狀也可能是攝取太多咖啡因所致。她應該先從每天只喝一杯咖啡做起，也要戒掉巧克力，不再吃含咖啡因的頭痛藥，雖然改變初期可能會出現更為焦慮、煩躁的現象，但大約一星期之後就會好轉。

感冒藥中含有緩解鼻塞的成分——偽麻黃鹼（ephedrine），該成分會使我們的交感神經產生作用，增強緊張的情緒，也會加劇暈眩症狀。感冒藥也含有抗組織胺（緩解過敏及流鼻水），會引起嗜睡和暈眩，應盡量不要服用。最好選用不含偽麻黃鹼的第三代抗組織胺，不會引起嗜睡的副作用。

雖說美希若能照做應能大幅減緩暈眩的情形，但還是建議她去精神科尋求專業的諮詢和治療。

27 被兒子氣到失憶

淑晶最近的遭遇簡直可以拍成一部電影。只不過發生在她身上的並非現實生活中不可能發生的好事，而是她和沉迷電動的國二兒子吵架後昏倒，被送去了急診室。

淑晶的兒子完全不讀書，讓她很頭痛。他連寫作業都坐不住，十分鐘不到就不斷進出廚房或客廳，到處晃來晃去；但打電動卻能一坐就是一整天，一動也不動。

有一天，淑晶發現兒子花了三萬元購買遊戲裝備，氣得當場爆發，對兒子怒吼，家裡氣氛變得烏煙瘴氣。丈夫趕緊充當和事佬，拚命調解卻毫無作用。兒子揚言要休學去當職業電競選手，還說：「我就不是讀書的料。」面對毫不示弱的兒子，淑晶突然覺得天旋地轉，然後就昏倒了。

這是淑晶人生中第一次被送到急診室。在她恢復意識後，醫師表示磁振造影檢查和腦部檢查結果一切正常。淑晶回家後照常做飯及打掃，先生問淑晶兒子花的錢該怎麼處理，但淑晶卻只能勉強記起兒子買了遊戲裝備，然後最後的記憶就是在急診室醒來，中間發生的事居然全都忘記了。

淑晶很恐慌，她一直以為失憶症只會發生在電影主角身上，她很擔心自己的大腦是不是發生什麼病變，完全無法掩飾焦慮不安的情緒。她還懷疑這是不是早期失智的現象。淑晶覺得兒子讓自己操這麼多心，還讓自己變成這副模樣，傷心難過之餘也很氣自己怎麼生了一個這麼不成材的兒子

醫師建議

如果突然忘記幾天內發生的事情，的確會令人大吃一驚。但是很多人都跟淑晶一樣，會在突然極度激動之後，忘記當時發生的事。淑晶的症狀是失憶症中最常見的一種類型，名為「解離性失憶症」（dissociative amnesia）。「解離」是一種無意識的「防衛機制」（後文會詳細說明），會將記憶或意識活動從整個精神活動中分離出來。解離亦能看成是「心理自衛機制」（neurotic defenses）的一種。

我們在電影中常能看到主角不僅完全忘記過去，連自己是誰也想不起來，但在現實生活中，這種失憶症的病例很少見。如果是因為大腦受傷導致忘記自己及家人的話，還會伴隨整體記憶和認知能力大幅下降、四肢麻痺等症狀，這跟淑晶的解離性失憶症又不太一樣。我認為淑晶是解離性失憶症中的「侷限

解離性失憶症 Dissociative amnesia

意指在遭遇極大壓力時，喪失部分記憶的症狀：

- 侷限性失憶（localized amnesia）：記不得某段特定時期內發生的任何事情
- 選擇性失憶（selective amnesia）：記不得某段特定時間內發生的某些事，但不是所有事情都記不起來
- 全盤性失憶／廣泛性失憶（generalized amnesia）：記不得自己人生所有的事情
- 連續性失憶症（continuous amnesia）：記不得事情發生的順序
- 系統性失憶症（systematized amnesia）：與家人或特定人物相關的所有記憶和資訊，全都記不起來

性失憶」（localized amnesia），失去的記憶很有可能突然恢復。

與記憶力下降或失智症截然不同，解離性失憶症通常是突然遭遇極大壓力時才會發生。此後如果再次遭受巨大衝擊，很有可能復發。淑晶如果想避免再次失憶，要先改善與兒子之間的關係。兒子打電動全神貫注，讀書時卻連十分鐘都坐不住，乃是因為電玩遊戲的刺激比較強烈，連散漫的孩子也能輕鬆集中注意力。

建議淑晶可以等情緒平復之後，與先生好好討論兒子沉迷電動的原因，以及有沒有其他兒子感興趣的活動。職業電競和愛打電動，完全是兩回事。就像足球迷和職業足球選手的差異一樣，不管再怎麼喜歡踢足球，如果沒有天賦，也很難成為職業足球選手。他們可以先確認兒子有沒有成為電競選手必備的條件——明顯優於常人的反應神經與感知能力。如果專業人士判定兒子沒有這類的特質與天賦，就比較能說服兒子放棄電競。他們也可以和兒子一起找出感興趣又能集中注意力的事。如果那件事剛好也利於孩子的未來發展，就再好不過了。嘗試的範圍不一定要跟讀書或學習有關，也可以是淑晶完全不了解的領域。請專家評估兒子的狀態，取得了解孩子性格優劣的專業分析。畢竟孩子年紀還小，如果兒子是 ADHD 過動症患者的話，趁早接受治療也能改善專注力。

淑晶日後再遇到會讓自己情緒激動的人事物，最好先迴避，因為情緒一直很激動的話，恐會再度引發失憶。她可以先暫時離開現場，到別處平復心情，預防解離性失憶症及暈厥的發生。

28 當高敏人得知自己罹癌

成京洗澡摸到胸部有硬塊時心想：「不會吧？！」45 歲的成京是兩個孩子的母親，同時兼顧工作與家庭，日子過得相當忙碌。她去附近婦產科檢查時，以為不會有多大問題，但當醫師建議她去大醫院做進一步詳細檢查時，成京儘管難掩驚慌，但仍決定先放下無謂的擔心。萬萬沒想到她最害怕的狀況發生了——成京被診斷為乳腺癌第一期。

突然之間，焦慮、睡眠障礙、憂鬱、專注力降低等症狀一次爆發，成京每天都在無比焦慮中度過，晚上也睡不好，就這樣開始了抗癌治療。她開始服用抑制雌激素的藥物，整個人變得非常敏感，總覺得有一把火從肚臍燒到頭頂，渾身發熱。雖然因為發現得早，癌細胞都順利切除乾淨了，但當成京得知未來五年都要持續服用抗癌藥物時，又變得無比焦慮，在公司也沒辦法專心工作。

醫師建議

高敏人若是罹患癌症，其診斷、手術等抗癌過程都會比一般患者辛苦。他們要是上網搜尋癌症相關資料，看到許多嚴重病例，就會越來越擔憂自己的病情。尤其乳腺癌和一般癌症不同，病灶長在最能代表女性特徵的乳房上，且隨著癌症進程，乳房外觀會產生變化，患者的情緒也會變得更加敏感。再加上位置是在胸部，每當焦慮不安導致心跳加快、呼吸紊亂不順時，患者就會有種錯覺：我的乳房是不是又發生什麼問題了？

隨著癌症初期診斷及治療技術不斷革新，標靶藥物可以攻擊和抑制癌細胞，改善預後[18]。現在和癌症和平共處的人越來越多，早已不是「得了癌症就得擔心死亡」的時代，而是患者要「防止癌症復發，好好活下去」的時代了。為了防止復發，有很多需要注意的地方，但網路上道聽途說太多，看了只會讓情緒變得更敏感。俗語說：「廚師多了煮壞湯」（too many cooks spoil the broth），人多口雜反而誤事，接受太多不實資訊反而對健康無益。

癌症患者也不要認為出現情緒敏感、憂鬱、焦慮、失眠等症狀是理所當然的，覺得痛苦疲累時要早點尋求親朋好友的幫忙。另外，現在很多醫院都設有癌症資源中心，提供癌友和家

---

18 預後為醫學名詞，指根據病人當前狀況來推估未來經過治療後可能的結果，像是治療效果、存活率、復發、轉移、併發症等。

屬全面性的支持，走過罹癌生理及心理上的衝擊，而且不用擔心會造成經濟上的負擔。

29

不明原因的牙痛

42 歲的永鎮是一名會計師，個性謹慎沉著，工作上從未出錯。他就如同大多數會計同行一樣，生活穩定沒有太大波折，交友圈子不大。每年到了「忙季」，永鎮會忙到連續一兩個月回不了家，每天熬夜檢視各種財務報表。他雖然覺得很累，但也努力告訴自己只要熬過這段非常時期就好。可是有一天，永鎮的牙齒突然劇烈疼痛。他原以為睡一覺就好了，結果隔天早上醒來痛得更嚴重，根本無法吃東西，只要嘴裡一沾東西就會痛到無法忍受。

他趕緊預約了牙科，趁著週末做了好幾種檢查。而診斷結果是：「你的牙齒沒有任何問題。」但是永鎮工作時仍然疼痛難耐，無法專心處理公事。即使換了高級昂貴的牙膏和牙刷也沒有改善。而且他的牙疼會轉移，有時是上排牙齒痛，有時換成下排，輪流折磨著他。

永鎮開始服用消炎止痛藥後，痛感大概減輕了一成，但仍需忍受九成的牙痛之苦。他並不是只有單顆牙齒疼，而是整個嘴巴都痛，越是需要全神貫注的工作，疼痛就會越強烈，因此永鎮不得不向公司申請留職停薪，準備暫時放下工作。

醫師建議

口腔內部疼痛的人，出乎意料地多。症狀大多是嘴裡好像有火在燒，或是劇烈牙痛，檢查結果顯示他們的牙齒和口腔沒有問題，但疼痛仍然持續存在，讓許多人開始擔心自己是不是得了癌症之類的不治之症。嘴裡持續、反覆發生不明原因的灼熱感，即所謂的「口腔灼熱綜合症」(burning mouth syndrome)。飽受此病折磨的患者表示，嘴裡的灼痛感很嚴重，就像牙齒和整個嘴巴都被火燙傷了一樣。症狀較輕微的患者儘管沒有出現灼熱感，但牙齒和口腔內部會長期疼痛不適，而且檢查結果一律是毫無異常。

口腔灼熱綜合症 Burning mouth syndrome

牙齒或口腔內部會出現不明原因的疼痛，伴隨灼熱感及刺痛感、味覺變化、感覺異常等症狀。患者應先檢查口腔及牙齒是否有病變，主要發病原因還包括：壓力、激素變化、憂鬱症、失眠等。

患有此病的人，絕大部分個性都非常敏感謹慎。從職業上來看，這類型的人大多從事需要縝密思考的工作，像是銀行員、會計師、律師、醫師、教師等。另外，此病也好發於家庭主婦，因為她們常常需要操心各種大小事，例如丈夫工作是否順利、孩子有沒有好好讀書、父母身體是否健康等。

這類人的典型特徵是有咬牙、磨牙的習慣。去牙科檢查時，牙齒雖然沒有問題卻磨損嚴重。由於他們的工作時常處於高壓狀態，每件事都力求小心謹慎，所以其實是整個身體都在使勁，因此牙齒和口腔也會跟著用力過度，導致牙齒、牙齦、下顎關節等部位受力過大。但他們自己並沒有發現，上述情況都是在無意識之下發生的。總之，患者不僅牙齒及口腔疼痛不適，還會伴隨出現肌肉痛、肩膀痠痛等症狀。

我們嘴裡的牙齒其實經常受到外力刺激，但因為有舌頭、口水存在，所以大腦往往會感受不到這些刺激。如果大腦把牙齒傳來的感覺認定是疼痛，其他微小刺激也會一併被當成疼痛處理。想減緩痛感，不只要讓大腦對疼痛的感覺變「遲鈍」，還要設法忘記那些痛覺。

如果找不到牙痛的原因，卻又持續不舒服的話，可以盡量讓身體的肌肉有充分的時間放鬆，泡個澡或做一些幫助放鬆的活動，下顎、關節也會跟著放輕鬆，進而改善緊咬牙關的習慣。譬如說，對數字高度敏感的人，請先拋開數字，多看感性的書籍和電影，對緩解症狀也有幫助。

如果疼痛依然沒有好轉、甚至惡化的話，務必諮詢專業醫師。比起服用止痛藥，患者應該要正視自己的情緒，接受可以撫慰心靈、減緩緊張的治療。此外也能在醫師建議下，合併採取可以調整大腦敏感性的藥物治療。

30 聽覺過於敏感

「樓上太吵了，我好想去死。」40 歲的藝瑟從沒想過自己會說出這樣的話。而且雖然她嘴裡說的是「好想去死」，但心裡也有殺死對方的衝動。藝瑟本來就對聲音本來就比較敏感，但從上個月開始，樓上住戶的噪音已經到了讓她忍無可忍的地步。甚至半夜一、兩點，樓上還會突然傳來小孩跑來跑去的聲音。藝瑟有一次直接衝上樓抗議，卻發現了令人驚恐的事實，那就是樓上住戶全家人早已出國旅行，從上個月開始房子就空無一人。

藝瑟認為可能是房子結構的問題，和先生討論後決定搬家。為了永絕後患，他們的新家選在大樓頂樓。但搬家後的某天晚上，藝瑟又聽到「樓上」傳來「咚咚咚」的聲音。她搖醒了熟睡的先生問道：「聽到咚咚聲了沒？」先生卻說：「什麼聲音？」並反問藝瑟：「妳的耳朵是不是出了什麼問題？」因此藝瑟去耳鼻喉科接受了精密的檢查，但結果卻是一切正常。

從那之後，藝瑟每天都活在惡夢中。因為待在家裡太痛苦，她會去咖啡廳放鬆打發時間，但其他客人聊天說話的聲音，在她聽來就像在牆上釘釘子般刺耳。有時她還會覺得有些人吵得就像在敲鑼打鼓一樣。藝瑟本來就是敏感的人，但她不知道是因為自己晚上睡不好覺，才會覺得那些聲音很煩人，還是對聲音太敏感才失眠。總之，她的壓力和焦慮與日俱增。

醫師建議

鄰近住戶的噪音讓許多人飽受困擾。韓國主要的住宅類型是高樓大廈和公寓，住戶的噪音問題始終難以避免。噪音來源除了孩子跑動，由於養寵物的人越來越多，因此寵物在家裡跑跳也成了一大問題。如果多數住戶都覺得噪音問題嚴重，可以判斷是隔音出了問題，但大部分例子是只有單一個案覺得噪音嚴重。

高敏人的一大特徵就是聽覺很敏銳。一般人為了聽清楚特定聲音，耳朵會過濾掉其他不需要的雜音及噪音，只專注於想聽的聲音，就如同降噪耳機的原理一樣。其實人類的大腦本來就有這種功能，但是高敏人對每種聲音都非常敏感，噪音會讓他們保持清醒，所以往往睡不好覺。

人們因某種噪音而感到焦慮煩躁，其他類似的聲音也會被誤認為是同一種噪音，甚至將外頭的汽車聲、電視節目的聲

幻聽 Auditory hallucination

明明周遭沒有任何人或物品發出聲音，仍覺得自己聽到某種聲音。幻聽和耳鳴（tinnitus）不同，耳鳴聽到的通常是「嗡嗡聲」、「海浪聲」或「機器轉動的聲音」，一邊耳朵聽到的聲音會明顯比另一邊大。但幻聽大多是聽到有意義的「人聲」，可能是一個人在説話，也可能同時聽到好幾個人在對話。幻聽的人，可以分辨音量大小以及發聲者的性別，不過因為注意力都集中在幻聽的聲音上，因此會聽不到身邊的人在對自己説話。幻聽是患者大腦自己產生的幻覺，並不是真實存在的聲音，因此耳膜不會震動。思覺失調症、躁鬱症、產後憂鬱症、因疾病引發的憂鬱症患者，常會出現幻聽現象。太過疲勞或敏感的情況下也可能會暫時出現幻聽，此時應盡早就醫，接受治療。

音，都當成了樓上住家的噪音。但有時樓上根本沒有任何聲音，純粹是人的幻聽。

以失智症早期徵兆與認知能力降低為例，患者能感覺到腦中有其他聲音。不論走到哪裡，那個聲音都會如影隨形。即使住在飯店或住院，也會一直聽到同樣的聲音。我們應該藉由這個現象來判斷自己是不是幻聽。幻聽不會造成耳膜震動，聽到的是大腦受刺激後自行創造出來的聲音，而且，實際上幻聽並不常見。

幻聽主要是聽到好幾個人在對話，或是有人在跟自己說話，藝瑟聽到的是樓上的噪音及咚咚聲，基本上不太可能是幻聽。換言之，這些噪音雖然輕微卻真實存在，藝瑟只是比一般人更敏感才會聽到。與其一整天待在家裡，她應該多外出接收各式各樣的聲音，像是去百貨公司或大賣場，有助於降低自身敏感度。這些地方不僅人多，還有多樣化的聲光刺激，因此聽力敏感的人可能會感到疲倦，累了不妨找個地方坐下來，閉目養神一下。

此外，最好將家中睡覺的空間和休閒的空間完全分開。臥室裡不要放電視、音響等會發出聲音的家電。平常主要在客廳活動，只有睡覺時才進臥室。如果實在很想躺在臥室床上看電視，應避免太過刺激的內容，最好選擇溫和單純的影片。咖啡、紅茶、綠茶、巧克力等含咖啡因的飲料也要少喝，因為咖啡因容易讓人保持清醒。老年性失聰或聽力下降也可能出現幻聽症狀，必須去耳鼻喉科接受詳細檢查。

從高樓大廈和公寓的建築結構來看，每層樓的主臥室大概會在同一個位置，但是有些家庭會將主臥室改成兒童房。因此一旦出現噪音時，最好讓樓上鄰居知道他家兒童房下方是主臥室，一起商討防止噪音的方法，譬如請樓上住戶在地板鋪上隔音地墊。討論時應顧及雙方的感受，以和顏悅色的語氣溝通，運用智慧來解決堪稱當今社會一大問題的公寓大廈噪音。

31 得了新冠憂鬱 Corona Blue

熙珠是 40 歲的上班族，平常操心的事特別多，個性也比較敏感。她有兩個正在念小學的兒子，自從新冠肺炎（COVID-19，又稱 2019 冠狀病毒疾病）疫情爆發以來，她和丈夫都改為居家上班，孩子的學校也常常停課，全家人幾乎每天都待在家裡。因為疫情之故，一家四口第一次經歷了不能出門、一天三餐都在家吃的生活。

熙珠很喜歡運動，但疫情期間健身房和瑜珈教室都暫停營業，由於吃喝、活動都只能在家，她發現自己胖了三公斤。也因為不能聚餐、聚會，熙珠都在家工作、照顧小孩和包辦三餐，鬱悶地過了好幾個月。電視上強力播放疫情相關新聞，導致熙珠變得更焦慮，食慾也更加旺盛了。

此時傳出住家公寓有人確診的消息，熙珠全家人都緊張起來。偏偏大兒子突然開始咳嗽，熙珠有時也會咳個一兩聲，家中瀰漫著不安的氣氛。每次家中只要有人咳嗽，就會引起一陣恐慌。原本個性就很敏感的熙珠，每隔一小時就要替全家量一次體溫，她得親眼看到家人體溫都正常才能放心。

熙珠不知道這樣的日子還要持續多久，老是鬱鬱寡歡。她雖然希望孩子能快點正常上學，但是一旦政府宣布恢復上課，她又會擔心學校沒有做好防疫措施，覺得自己無時無刻都惴惴不安。

醫師建議

卡繆（Albert Camus）的小說《瘟疫》（*La Peste*）中有這麼一句話：「染疫是一件很累的事，但為了不要染疫而拚命掙扎更是令人疲憊。」[24] 一語道盡身處疫情時代，我們過得有多麼艱難。我們的身體如果長期感到焦慮的話，交感神經會不自覺地變得亢奮。交感神經可以增加肌肉張力等功能，讓身體處於緊繃狀態，用以應付緊急情況。交感神經亢奮會引起身體不同部位的變化，造成失眠、壓力大、煩悶不安等症狀。心臟方面可能會突然心跳加快或產生心悸現象。呼吸器官方面則會出現呼吸困難、不自主嘆氣等症狀。腸胃系統則是消化不良、反胃、便祕、腹瀉等問題。同時也會引發頭痛、暈眩等腦部病變。

提到焦慮，一般會先聯想到精神上的焦慮，但是高度敏感的人因為交感神經亢奮，焦慮會率先在身體上表現出來。當身體出現上述反應，自己就該意識到：「我因為疫情過度擔心受怕了，必須想辦法改善。」

首先，生活作息要盡量跟疫情前一樣。由於整天都待在家裡，很容易就會熬夜追劇、上網，變得晚睡晚起。建議最好不要改變每天起床及就寢的時間。此外，維持規律的飲食習慣也很重要，晚上如果吃太多，不僅體重會增加，腸胃也容易出問題。就像出國旅遊返家後，由於時差作祟，身體會感到緊張，壓力也會變大。如今大多數人都居家辦公，活動範圍幾乎都在室內，如果因此打亂生理時鐘，例如睡懶覺，只會加重身體的負擔。

整天待在室內，就無法獲得充足的陽光，作息容易日夜顛倒，讓本已鬱悶的心情雪上加霜。建議各位每天早上八、九點去寬廣的戶外空間感受一下陽光。如果實在做不到，坐在窗邊曬曬太陽也行。透過玻璃窗照射進來的陽光，一樣能讓人情緒穩定，心情變好。

當你接收太多 COVID-19 的新聞或資訊，也會產生負面情緒。雖然我們都該關注重要大事，但也要避免成天緊盯疫情消息而引發不必要的焦慮及恐慌，像是太擔心自己及家人染疫而整天心神不寧。請記住，防疫最好的方法就是戴口罩和勤洗手，不要盲目相信網路上滿天飛的假新聞或假資訊。

居家上班會讓工作與生活之間的界線變得模糊，打亂原本正常的節奏。在職場中，職位不同，面對的壓力也不一樣。一般員工在家工作時，面對上司要更會察言觀色。管理階層則因為疫情業績變差，無法預測未來走向而倍感壓力。倘若在家忙於工作而無法顧及家務，也容易引起其他家人不滿。這種情況不只針對丈夫或父親，職業女性也有一樣的問題。夫妻兩人同時在家上班的話，問題只會更加嚴重。

為了維持工作效率，應像以前去公司上班一樣，維持相同的作息及睡眠時間。與另一半商量，把平時通勤的時間用來分擔家事，同時也要尊重彼此的工作時間與生活習慣。尤其韓國人都習慣加班到深夜才回家，居家上班後與家人相處變長，反而會不太自在。不過全家人應該把握此契機，養成全家一起吃飯、一起散步的習慣，做好迎接新型態家庭生活的準備。疫情嚴峻時期，和朋友聚會、參加同好會、找人一起運動等有益身心健康的活動，都大幅減少或完全停擺。這也是讓我們感到孤獨及焦慮的一大原因。即使因為疫情不能與親朋好友直接面對面，還是可以打電話或發訊息表達關心和問候。

過去鼠疫席捲全歐洲時，當時的社會大眾懷疑傳播病毒、造成大規模傳染的罪魁禍首是猶太人或吉普賽人，因而開始迫害、欺凌他們。面對 COVID-19 疫情全球肆虐，我們也很容易對特定少數人產生排斥和歧視心理。如果我們不能保有同理心，無法以客觀冷靜的態度去看待確診者或居家隔離者的話，我們也會成為加害的一方。

就像先前所提，把染疫的人當成傳播病毒的罪魁禍首、責怪他們無法正常工作或照顧家庭，確診者很有可能會因為愧疚而產生罪惡感。被隔離的人則因為與外界幾乎斷了聯繫，內心憂鬱、被孤立的感覺也會與日俱增。這時，只要一通電話就能給他們很大的安慰。千萬不要以為被隔離的人一定都閒閒沒事做，其實很多人都處於水深火熱之中。面對染疫者或接觸者，請以支持和鼓勵，取代無理的歧視與獵巫。

PART・4

成功克服敏感，不再內在損耗

本章收錄了九位患者的諮商紀錄及治療案例。他們跟上篇的31 位患者一樣都具有敏感特質，但也因為這種特質，讓他們在各自領域中闖出一片天，因此特闢專篇討論。

高敏感完美主義者怎麼成為連鎖餐飲大亨

50 歲的尚準是成功商業人士。他從一間小餐館白手起家，如今已是經營多家大型連鎖餐廳的老闆了。他經營的餐廳主打特色美食與裝潢，深受年輕人的喜愛。尚準與妻子育有兩個女兒，由於餐飲事業已上軌道，他目前也著手準備開創新事業。

尚準風度翩翩、個性溫和，事業和家庭都經營得風生水起，但其實他這一路走來並非一帆風順。小的時候由於父親經商失敗，所有房產一夕間被查封，尚準曾眼睜睜看著家中所有財產和家具都被貼上封條。因此他從小就打過各式各樣的工，大學學費也是自己賺來的。

若要說尚準有何與眾不同之處，那就是他具有超人般的精力。他可以連續徹夜工作好幾天都不會累，解決完手上所有問題後才會心滿意足地去睡覺。此外，他也是高敏感的完美主義者，餐廳必須一塵不染，只要有一點灰塵都會令他抓狂。

事業有成的人大都像尚準一樣，具備能一眼看穿他人的敏銳洞察力。他在決策時非常果斷而堅決，待人處事則讓人如沐春風。不過令人難以想像的是，尚準的內心卻非常敏感又焦慮。他最近的煩惱是不知該怎麼掌控自己的敏感情緒。

醫師建議

根據「成人綜合心理健康檢查」的結果顯示，尚準的精力極為充沛，甚至到了輕度狂躁症[1]的程度，但他一直自我控制得宜。進軍餐飲業成功後仍持續挑戰新的事業，和他超高的正面能量有關。但同時尚準也相當敏感。對於某些問題，一般人可以輕鬆釋懷，但他卻會堅持追究到底。精力旺盛的人，通常都很有自信，比較不會瞻前顧後，有時也很容易吃虧。不過尚準則因為性格敏感，所以做事認真嚴謹，至今都沒有出過什麼大問題。

精力非常旺盛的人常會做出「危險行為」，例如：不當投

1 輕度狂躁症（hypomania），是指一個人持續升高（欣快）或急躁的心境狀態，並在此狀態之下產生相應的想法或行為。一個人處於輕度狂躁狀態時，對於睡眠的需求減少，變得非常外向、好鬥並且精力充沛。處於輕躁期間的人，不會影響到社會功能也不會影響工作能力，個人還是可以好好生活，而且過得頗有效率。其工作表現、心情、能力都會增加，且因為自己不正常的高亢情緒，而做出常人做不到的行為，例如不必睡覺、不用吃喝、不會累等。這種「特異功能」往往會讓輕躁者擁有出色的表現，獲得較高的社經地位。

資、賭博、酗酒、吸毒、外遇等。他們不會被旁人左右，認為只有自己的想法才是最正確的。因此他們應該對自身的精力值有正確的了解，如果認為自己確實精力旺盛的話，就該多聽取別人的意見，做任何決定時應選擇相對保守的路線。

因為老闆一次錯誤的決定，讓全公司陷入萬劫不復，即所謂的「企業主風險」（owner risk），這在韓國社會時有所聞。不過如果老闆因為過分擔憂風險，而遲遲無法做出重大決策，對於公司發展也毫無益處。做出重大決策時，最好能符合以下兩個條件：其一，此決策為何勢在必行？會帶來什麼結果？能否順利說服他人？其二，我目前的情緒穩定嗎？因為如果出於一時激動或氣憤而做出的決定，事後大都會後悔。

關鍵在於本人必須很清楚了解自身的敏感狀態。舉例來說，當你認為某件事有弊無利，儘管要蒙受一些損失，也要果斷下定決心，及時「停損」。若是對已知的損失耿耿於懷，堅持繼續進行的話，通常只會帶來更大的損失。尤其是賭博、喝酒、外遇等問題，會慢慢消耗人的心智，除了造成損失慘重之外，敏感情緒也會變得更嚴重，導致內心變得更脆弱，結果喪失正常的判斷能力，引發嚴重的後果，而不得不向周遭的人求救。不當的股票及投資，也可以看成是一種賭博。

如果覺得自己的精力過於旺盛，與其挑戰新的領域，不如把目前的工作或事業做得更好。比如說，尚準可以檢視餐廳現有的問題，或是嘗試開發新菜單。

大部分成功人士都有一個特點——家庭和諧穩定。試著將部分精力投入家庭吧。家庭狀況穩定，就無須在家務事耗費太多心力。如此一來，當你回到家中，敏感的情緒就能獲得緩解。精力旺盛的人一旦「出軌」，可能招致意想不到的嚴重後果，夫妻之間的信任感一旦崩壞，想要重建可說是難上加難。

我還想提供尚準一個方法。平時若能應以適當的方式消耗過多的能量，就能避免前述憾事發生。何不打打高爾夫球或網球，透過運動來釋放過剩的精力呢？養寵物、做志工服務也是不錯的選擇。

後續追蹤

幸運的是，尚準在接受專業心理諮商後更了解自己了。他最近在設法讓自己的精力和能量，可以維持在適當的範圍內。尤其當他了解自己會比一般人更容易做出「危險決定」後，每當遇到有風險的抉擇時，都會多方傾聽周遭的意見。尚準以前是大家口中的「獨裁者」，但周遭人都覺得他最近的態度有了 180 度的大轉變，變得更願意傾聽、採納各方建議。此外，隨著女力崛起與性別平等意識抬頭，尚準尤其要多注意女性員工的感受，徹底預防可能發生的問題。尚準和家人的關係也越來越好，成為他事業蒸蒸日上的一大助力。

擺脫酗酒家暴 父親陰影的社工師

申海是一名 45 歲的社會福祉師（相當於台灣的社工師，下稱社工師），廣受社會大眾認可。她所從事的工作相當了不起——幫助長期酗酒的患者接受治療，防止酒癮復發，成功戒酒進而恢復正常生活。最難能可貴的是，申海從來不會叫苦喊累，總是面帶笑容，溫柔地對待所有人。為此她接受過很多次表揚。

申海當上社工師後，始終致力於關懷酒癮患者。她還推動了一個專案，讓患者接受治療後能夠順利重返社會。申海多次拜訪各地的公司老闆，成功說服他們雇用成功戒酒者。有一次，申海負責的患者生病住院卻沒錢支付高額醫藥費，她不僅自掏腰包付清所有費用，之後還多次去醫院探視照料該名患者。申海的同事一開始都很佩服她的熱情，但也漸漸覺得她有點做過頭了。

像申海這樣的人，其實很容易出現職業倦怠。她沒有把工作與生活分開，面對工作總是不顧一切地全心投入，因此總有一天會突然筋疲力盡而倦勤。某天，申海在工作時突然痛哭流涕，毫無預警地說出：「我要辭職！」把同事都嚇了一跳。其實申海一直以來所做的，早就超過了社工師原本分內的工作，幾乎沒有私人生活可言。

申海從來沒有對別人提起，其實她的生長環境非常惡劣，原生家庭極其黑暗。她的父親長期酗酒，平時在工地打零工，喝了酒回家後就會毆打妻子，對兩個女兒大吼大叫，亂丟、砸爛家裡的東西。申海的母親非常軟弱，沒辦法保護自己的女兒，儘管被無數次家暴，但不管是言語或行動上，她的母親一次都沒有反抗過丈夫。申海從小就覺得這種家不要也罷，她認為自己有義務拯救母親及妹妹。有一次她頂撞了父親，立刻被父親抓著頭髮，重重摔在地上。其父可能得了酒精性失智，每次發酒瘋家暴過後，隔天完全不記得前一天發生的事情。

高中畢業後，申海從南部來首爾念大學，從此她就再也沒有見過父親了。有一天申海接到了母親的電話：「妳爸爸得了肝硬化，剩下的時間不多了，他想跟妳說聲對不起。」但是申海無法原諒父親，不僅沒有回家見他最後一面，連葬禮也沒有出現。

之後申海選擇當一名社工師，幫助酒癮患者。申海很後悔自己當初堅持不去見病危父親最後一面，內心始終有著罪惡感。她把這種心情轉移到工作輔導的患者身上，只要無法陪在患者身邊，她就會覺得很愧疚。但是這種狀態已經超過申海的負荷，把她逼到了絕境。

醫師建議

每個人都有自己的心理創傷，而高敏人所經歷過的創傷特別多。雖然心理創傷很難克服，但是我們應該好好面對過去的心理創傷，不要被它操控，而是把它當成一個轉折點。

如果申海能順利克服心理創傷，就能將它轉化為與眾不同的力量，工作表現也會更好。但因為她選擇了迴避心理創傷，因而陷入氣力耗竭的困境。不論是求職或選擇另一半，面臨人生重大抉擇時，過去的心理創傷往往扮演著關鍵角色。

童年時期的親子關係，對個人一生的人際關係影響深遠。申海從小承受酒精中毒父親的家暴，大學畢業後選擇幫助酒精中毒的患者。由此可知，申海是「心理韌性」強大的人。

從申海溫柔的神情與微笑之中，可以看出她內心的心理韌性。她曾表示與人相處是一件很愉快的事。「看到我輔導的人重新站起來，真的很幸福。我能多幫助一個人，就能減少一個跟我歷經一樣痛苦的家庭了。」申海現在該做的是，輔導及幫助個案都要在她的能力範圍內，不能超出社工師的職責。她也要熟悉並遵守社會工作相關規定，做力所能及的事，若有額外的需求，最好先跟上司討論後再進行下一步。

心理韌性／復原力 Resilience

心理韌性是指即使遭受極大的挫折和考驗也不會氣餒，有能力以更好的方式讓自己東山再起。心理韌性是一種克服逆境的正向能量，可從失敗中吸取經驗和教訓，靈活運用於自己的事業，也能用來幫助他人。心理韌性強大的人充滿自信，面對難關會這麼想：「以前那麼困難的狀況我都能克服，現在的我也一定可以！」對於考驗自己的人或社會，不是心懷憤怒，而是將經驗昇華成足以開創新局面的力量。一項針對美國退伍軍人的研究顯示，保持良好社交聯繫（social connectedness）、具有正能量，常懷感恩之心的人，心理韌性比較強，也較少出現自殺的想法。[11]

申海父親長期酗酒，具有強烈暴力傾向，這種個案聽起來彷彿是 1980 年代會發生的故事，但直到 40 年後的現在，類似的事件還是層出不窮。上一代的喝酒成癮和暴力傾向「傳承」給下一代的情形，至今仍屢見不鮮。家庭暴力和酒精中毒很難靠著自身的力量解決，最好要全家齊心協力，同時也一定要接受專業治療。

後續追蹤

申海目前正在積極面對與調整自己的心理創傷。她已經知道自己為什麼會投入所有心力去輔導幫助酒精中毒個案，也知道自己之所以想陪伴在他們身邊，都是因為童年心理創傷的緣故。申海輔導個案時要努力擺脫罪惡感。如今，她遇到自己無法決定的事，一定會和上司及同事商量。對於需要就醫治療的酒癮患者，也會依循相關辦法，請個案附近的醫院、精神科醫師協助介入，進行藥物治療。試想，她當初要是真的不當社工師了，可能會陷入更深的自責，幸好諮商治療過後，申海不再鑽牛角尖，決定朝成為出色社工師的夢想前進。

03 擺脫自殺念頭的傳奇基金經理人

相津現年 45 歲，從事投資理財業。他的每一筆投資都獲得可觀的收益，成為業界傳奇人物，目前準備創立自己的公司。

但相津從十多歲青少年時期到 30 而立之間，有段罕為人知的過去。其實他的性格相當敏感，國高中時期幾乎沒有朋友，都是一個人關在家裡打電動。相津的父母覺得兒子太沒出息，動輒責罵，但相津只要不打電動就會坐立難安，完全找不到出口。相津在學校最怕的就是與同學眼神交會。他非常討厭說話，每當站在台前或被老師點名、同學都將視線集中在他身上時，他甚至會覺得：「我的呼吸都停止了，全身血液都往頭上衝。」還好相津很聰明，順利考上了大學。但上大學後，他的人際關係與生活方式都一如既往，依然獨來獨往。

不過相津遇到了一位讓他為之傾倒、吸引他所有注意的女生。他因為打電動成了電腦高手，很順利查到那位女同學的課表，跟著選了一樣的課。終於有一天機會來了，兩人下課後單獨約吃飯。但身為一介宅男，身邊又沒有朋友可問，約會過程當然不如相津想像中順利。吃飯時相津緊張地心臟怦怦跳，不敢直視女生的目光，結果整頓飯沒說幾句話就結束了。在那之後，他也沒有勇氣去見那位女生，甚至萌生想死的念頭：「像我這樣的人根本沒資格活著。」相津開始自怨自艾，而且越來越嚴重。

相津從小和母親的分離焦慮就非常嚴重。上幼稚園時還因為不肯和母親分開，讓母親吃了很多苦頭。他在幼稚園也常常尿褲子，但不敢跟老師說，而是回到家後才告訴母親。雖然他很害怕直視別人的眼睛，但數學及電腦方面的天賦都高人一等，頭腦也很聰明，因而在投資理財界表現出色。但這樣也無法讓他改善自己過於小心翼翼的性格。

醫師建議

很多人在人際關係方面不太順利，面對他人總是笨手笨腳，但是對電腦、智慧型手機等高科技產品卻能表現出異於常人的天賦。就像有些失明的人，手部觸覺卻靈敏到非常人所能及一樣。但問題是人際關係不夠好的人，其他方面的才能也沒辦法發揮出最大效果。

其實求職就業或尋找另一半，都與人際關係密不可分。如果不想與人交流，似乎只能選擇在家工作了。相津幾乎沒有什麼機會學習人際互動的方法，還差點埋沒了自身的金融長才。幸好他最後鼓起勇氣來到了我的診間。

「正視對方的眼睛」是人際關係中的基本法則。即使我們戴著口罩走在路上，依然可以認出熟人，但是如果把眼睛遮住，要認人就很難了。眼睛可以看出一個人的狀態。不管對方是生氣、疲倦或高興，還是有沒有注意聽自己說話，只要從眼睛就看得出來。孩子一看到母親的眼睛就會笑，就是所謂的「社交微笑」。人類從母親那裡學到社交微笑，即是人際關係訓練的開端。

為了能在交談時直視對方的眼睛，可以先找較熟的朋友一起練習。相津在家裡跟母親或妹妹說話時，都能輕鬆地看著她們的眼睛，但他要是遇到不熟或陌生的人，就會不自覺地閃避對方的眼神，一直看著地上。除了家人以外，相津要先找到一個「跟自己有相同興趣的人」，從此人開始，練習在說話時正視對方的眼睛。

相津對投資理財很有研究，因此可以找一個對投資理財也有興趣的朋友當作練習對象。與人交談時若能看著對方的眼睛，很容易產生交流變多的感覺，朋友也會漸漸多起來。朋友多了以後，想輕生的念頭也會漸漸消失，這就叫做「交流性」。經常與人來往、產生良性互動，自然會越來越愉快、放鬆，沉溺在自殺情緒的時間也會越來越少。

尤其是選擇另一半時，如果能找到可以彌補自己不足的人，就能為你自己加裝一個大型防護網。我們稱這種防護網為「安全堡壘」（secure base，又稱安全基地）[2]，指的是另一半代替了兒時父母的角色。

相津還需要注意自身的攻擊性。

「我只要一生氣就會大爆發，完全不顧後果。」

「別人不同意我說的話，我就會很生氣。」

「如果有人故意超車，硬是要卡到我的前面，我就想踩油門直接撞上去。」

「我覺得自己總是緊張兮兮。」

死亡衝動是針對自己的攻擊性，這種攻擊性一旦消失就會轉以他人為目標，憤怒及對他人的攻擊性很容易一觸即發，這時要多注意身邊可能會因此樹立許多敵人。最好的作法是和顏悅色地與人溝通，就算自己的意見是正確的，也要學習多傾聽他人的想法。

• 後續追蹤

相津第一次來精神科諮詢時，表示自己沒辦法與人眼神交會，常有輕生念頭。他接受治療三個月後，與人對話時已能自然地注視對方的眼睛了。而且在醫師建議下，他加入了投資理財同好會，那裡讓他大開眼界，覺得很有意思，成員們說的話都能讓相津聽得津津有味。而且志同道合的人聚在一起，相津也更能發揮他的長處。

相津交到朋友之後，逐漸感受到了真摯的情感，想輕生的念頭也漸漸變淡了。他知道自己可以透過參加團體活動，與他人建立更深、更廣的連結，藉此提升自己的自信心，減少自殺衝動。現在，相津是一名知名的基金經理人，日子過得很不錯。而當年與暗戀的女生破局之後、始終不見進展的感情關係也得以開花結果——他現在遇到了很契合的另一半，兩人已經結婚。妻子的性格非常沉穩安靜，正好可以減少相津的分離焦慮，是他理想的人生伴侶。

克服舞台恐懼症的大提琴手

秀美是 30 歲的單身女性，從小就被公認是個敏感的人。她從來不說難聽的話，待人處事總是小心翼翼。秀美從藝術國中、高中直到音樂大學，一直都與大提琴為伍，目前在交響樂團擔任大提琴手。對她來說，登台演出就像日常生活的一部分，再自然不過了。

秀美原以為這輩子能如此平穩地過下去，但樂團新來了一位年輕指揮後，許多問題漸漸浮上台面。新來的指揮和前任指揮風格迥異，個性比較強勢，說話也很直接。新指揮心中自有所謂的完美呈現方式，如果有團員達不到他的標準，他會強制所有人練習到三更半夜，直到符合標準為止。明眼人都知道是指揮的問題，但還是有好幾個團員選擇默默離開樂團。就像公司如果有「問題」老闆或上司，不論引起再多人不滿，最終被迫離職的都是基層員工。先前樂團團員說好要一起離職，但秀美最後還是決定留下來。但自此之後，她的壓力越來越大，每天早上起床頭髮總是大把大把地掉，也常常長吁短嘆。

有一天，在一場大型演奏會正式開演之前，團員們都在舞台上排練，秀美的手卻無法控制地開始顫抖。眼看演奏會就要開始了，她的手還是抖個不停，手臂也無法伸展自如。幸好她的症狀沒有被其他團員和觀眾發現，當天仍然順利完成了整場演出。不過從那時起，秀美就對演奏大提琴和上台演出非常排斥，得了「舞台恐懼症」（stage phobia）。

醫師建議

個性小心翼翼的人很難對上位者吐露心聲。譬如說，他們從學生時期開始，一遇到老師就會腦筋一片空白，什麼話都說不出來，出了社會後也會習慣對上司隱忍自己的想法。但人的忍耐程度是有限的，當我們沒辦法再堅持下去時，身體就會率先出現生理症狀，像是秀美就出現了手抖、手臂不聽使喚的症狀。這種情況稱為「體化症」（somatization），意指心理壓力太大導致身體出現異常，不論在醫院做了多少檢查，都找不到確切的病因。這種症狀其實很常見，只是每個人的程度和身體部位不同而已。

秀美為了找出問題的根源（例如症狀與新指揮），曾鼓起勇氣和團員討論，這種行為非常值得讚賞。如果只有她自己覺得壓力很大，但其他團員都沒問題的話，那麼問題的源頭就不在指揮身上，而是她自己。相反的，如果團員也跟她抱持同樣的想法，他們就應該設法和指揮一起討論，共同解決問題。溝通的關鍵就在於，團員們務必尊重年輕指揮在樂團的地位，以指揮比較能接受的方式表達己見。比方說，團員可以先討論出希望指揮用什麼方法帶領大家，有了具體的想法再去找他當面詳談。也就是說，這不僅是為了自己或指揮個人，而是為了整個交響樂團著想，希望日後能有更好的發展，為組織的遠景所做的努力。

如果按照上述方式努力溝通過後，指揮還是不願意接受、堅持己見的話，代表此人並沒有擔任領導者的資格。遇到這種狀況時，無須急著再次提出建言或採取行動，不如先給指揮一點時間，等他心情較為平復後再嘗試溝通。

如此一來，秀美不僅是優秀的大提琴手，也具備了冷靜解決樂團內部問題的能力，今後一定會有更多人對她的能力表示認可。

後續追蹤

秀美最終做出了重大的決定。她彙整團員們的意見後，決定單槍匹馬去找指揮談。果不其然，她又再次緊張起來，與指揮見面之前手又開始抖個不停，手臂也陣陣痠麻，就連要打開指揮辦公室的門也費了好大一番力氣。雙方晤談了很久，表明自身立場之餘，也仔細傾聽了對方的意見，結果反而拉近了兩人之間的距離。指揮還為自身經驗不足及不成熟的態度致歉，讓秀美鬆了一口氣。最後，秀美面帶微笑地走出了辦公室。這對她來說也是全新的經驗——生平第一次把自己的想法清楚地告訴他人。經過這次對話後，秀美與指揮變得很合拍。

不久後，該指揮跳槽到了另一個更大的樂團，令人意外的是，他主動邀請秀美跟他一起去。後來秀美跟著那位指揮在更大的舞台演出，她成了一流的大提琴家，再也沒有恐懼過舞台了。

與憂鬱症共處的 70 歲公司負責人

昊成飽受憂鬱症所苦，嚴重到他下定決心要把公司收掉。昊成現年 70 歲，經營一家機械零件公司。他從年輕開始，工作一向相當認真勤勉，一路從基層慢慢做起，親手創立了目前這家營運良好的公司。但就像一場暴風雨足以摧毀整座城市，一夕之間，他至今努力的成果都功虧一簣了。一切要從六個月前說起，公司有一名員工在工作時發生了嚴重意外，昊成的不幸也隨之開始。

那名員工受了重傷，家屬不僅要求公司賠償及道歉，還不斷當面辱罵昊成。要是他在年輕時遭遇這種事，也許能輕易克服，但已屆古稀之年的昊成忍不住滿懷辛酸：「我辛苦努力了一輩子，難道就是為了這樣被人羞辱嗎？」隨後陷入了自責與自憐之中無法自拔。

他痛苦到一想到公司就生厭，下定決心要結束一切。此後，昊成就變得非常敏感，連聽到電話鈴聲也會嚇一大跳。他也開始失眠，每天都要過了半夜兩點才睡得著，但即使睡著了也會每小時醒來一次，還會夢到反對收掉公司的員工緊抓著他的領口質問。

昊成是一名完美主義者，事事親力親為，每個細節都小心謹慎地處理，也對每一位員工都關懷備至。這一切都是因為他的精力特別旺盛，員工也都很喜歡這樣的老闆。但是近年來公司新進的年輕員工，似乎都與昊成合不來。無論是做事風格和思考方式，都有明顯的世代差異。如果雙方都不肯讓步的話，工作就沒辦法進行下去，但是年輕員工卻說自己這一代就是會理直氣壯地發表己見，讓昊成忍不住回顧自己年輕時的工作態度，也不得不開始檢視、反省自己。

身為公司負責人，想必很難承受這種情況，他甚至開始對自己的工作產生了高度懷疑。偏偏這時又有員工因公重傷，導致昊成的憂鬱症越來越嚴重。他認為自己辛苦了大半輩子，與其痛苦堅持下去，還不如趁現在收掉公司——他完全無法打消內心頻頻出現的極端消極想法。

醫師建議

罹患憂鬱症，意味著身心都已達到極限，無法再堅持下去了。這時的昊成非常需要他人的幫助，並以此為基礎，努力改變自己從以前到現在的行事風格。患有憂鬱症的人，通常最先做出的改變是辭職不幹，或是停下自己一直以來致力的事。

我反而強烈建議，在離職或停止手邊事情之前，應該要先接受治療。一旦離職可能很難再找到新工作。而像昊成這樣精力旺盛且一直認真工作的人，突然賦閒在家的話，往往會鬱悶難安，很容易導致憂鬱症復發。讓畢生努力毀於一旦，不僅對昊成本人不好，還會讓一起共事的員工失業，甚至對整個社會來說都是一大損失。

而惡夢夢到的內容，說明了昊成平時就有這方面的壓力。當夢境太過逼真會把自己嚇醒，而且醒來後會覺得心驚肉跳，無法入睡時，雖然吃安眠藥可以快速幫助入睡，但長期服用的話，不僅會損害記憶力，造成認知能力下降、導致走路摔倒受傷等副作用，還會做出更多衝動行為。

很多人吃了安眠藥，隔天早上會不自覺地做出一些很尷尬的舉動。有人會在早晨半夢半醒之間打電話罵人。如果不小心打給重要客戶或商業夥伴的話，恐怕會難以收場。這些人必須接受專業的憂鬱症治療，才能預防憾事發生。得了憂鬱症睡不著覺，只想仰賴安眠藥，就像因為肺炎發高燒卻只吃退燒藥一樣，不會有任何效果。

隨著年紀增長，我們要承認不是每件事都能在自己的掌握之中，這時要放下固執，將手上的權力交給其他人。對昊成來說，每次做重大決策之前，最好能先與年輕員工討論並交換意見。憂鬱症發作時，人會變得更敏感，也會更加固執。唯有聽取別人的意見和專家的建議，才能安然度過難關。

後續追蹤

值得慶幸的是，那位受傷員工經過治療後順利恢復了健康，也重新回到工作崗位了。這件棘手的事終於圓滿落幕。該員工也親自到昊成的辦公室，對老闆多年來的照顧表達深深的感謝，但昊成當場卻冷汗直流，說不出話來。他意識到自身問題的嚴重性，為了防止惡化，與家人商量後，他決定來精神科接受治療。他先是照了腦部 MRI，好在一切正常，檢查之後確定昊成是得了憂鬱症。在韓國社會，事業有成的男性往往無法接受自己得了憂鬱症。昊成一開始也不願意接受，但嚴重程度讓他不得不面對現實，決心接受治療。至於公司的未來，他也決定等治療結束後再重新考慮。在專業心理諮商、藥物治療雙管齊下後，他的憂鬱症明顯好轉許多。他也領悟到自己一個人不可能管理大大小小的事，因此調整了公司經營方針，將職權和職責轉移給其他管理階層。現在，他的公司不僅規模變大，也發展得更好了。

從不敢直視他人到成為補教名師

35 歲的東旭患有視線恐懼症，非常害怕直視他人的眼睛。他大約是從高二開始出現這種狀況，起初他只是不喜歡跟陌生人眼神交會，上了大學後變本加厲，他不僅不敢正視系上的同學，連父母的目光也會閃躲。甚至他照鏡子看到自己的臉，也會下意識把頭轉開。

由於東旭無法控制自己的視線，為了不讓眼神閃爍，他有時會用力瞪大眼睛，但周遭的人看了反而覺得：「他好像在生氣。」或「他看起來好敏感。」而刻意與他保持距離。東旭得不到家人朋友的關懷和支持，變得更沒自信了。與人交談時，他常常低頭看著地上，或是轉頭看著旁邊。我們都知道人與人的關係，通常始於眼神交會的那一刻。東旭卻連基本的對視都做不到，導致他更沒有信心與人相處，罹患了重度憂鬱症。

東旭高二那一年到底發生了什麼事？當時班上有個男同學總是取笑東旭的長相，其他同學也有樣學樣，結果東旭遭到全班排擠。他變得非常討厭去上學，只要看見取笑他的人就會焦慮不安，也就是從那時開始，東旭變得不敢與人眼神交會了。

醫師建議

說話時看著對方的眼睛，是人際關係中最重要的一環。因為只有直視眼睛，才更容易記住彼此，進一步產生情感上的交流。對於外人評價相當在意的人，通常不敢正視他人，所以眼神總會飄忽不定，或是直接移開視線，看著旁邊。

眼神往上飄時，黑眼珠上提會被上眼瞼擋住，導致眼白看起來特別明顯。這時與你說話的人會覺得你一臉兇相。這就是俗稱的「三白眼」，意指眼神直視前方時，能看到眼睛裡左方、右方及下方的眼白部分。

視線恐懼症要靠自身努力，改變思維才能改善。而緊張會導致症狀加劇。例如在同學面前發言或參加面試時，症狀都會更加嚴重，無法發揮應有的實力。這就是為什麼我們要從小開始努力克服視線恐懼症。

首先，請看著鏡子，調整頭部和頸部的位置，找到不會露出下眼白的角度。想讓瞳孔位於眼睛中央的話，只要將頭稍微抬高就行了。當然一開始練習時，會有點不自在，連看著鏡中自己的眼睛都很有負擔。但即使如此仍要努力正視自己，然後露出微笑，並觀察哪一種微笑比較自然。

對著鏡子充分練習過後，再找父母、兄弟姊妹或好友一起練習，一邊跟他們說話，一邊看著他們的眼睛。也請他們注意你的眼神有沒有閃躲。一旦你別開頭或眼神閃爍的話，就從頭再來。練習對象先從熟悉的人開始，再逐步擴展到初次見面的陌生人。當你習慣和他人眼神交會，而且可以自在地直視對方後，與人相處就會輕鬆自在許多，也能與更多人交流來往了。

最重要的一點是，要先改變自己的想法和行為，你的心態才會改變。如果一直迴避他人的眼神而遭到孤立的話，最終只能獨自一人生活。這樣的生活一久，你就會漸漸害怕外出，覺得外面充滿威脅。電視報導或網路上那些可怕的社會案件，也會變成你關在家裡不出門的藉口。

後續追蹤

對一般人來說，眼神交流就像吃飯、睡覺一樣稀鬆平常，但東旭卻要付出極大的努力才能做到這點。頗為耐人尋味的是，東旭竟然當上了補習班老師，而這也是他決心克服視線恐懼症的主因。剛開始教書時，他非常擔心自己能否正常在講台上講課，但一想到學生的年紀都比自己小很多，他心裡就稍微放鬆，也比較能直視學生的眼睛。但遇到身材魁梧的學生時，他就會想起高中霸凌自己的同學，又會開始迴避對方的眼神。透過反覆不斷的努力，每天不間斷地練習如何微笑看著別人的眼睛，東旭終於可以從容面對每一個學生了。他認為成功別無他法，唯有一而再、再而三的練習。面對讓他害怕的學生時，他會逼自己不能逃避，而是要微笑面對。

東旭現在講課時，已經能自然地與台下同學眼神接觸。因為他知道，只有這樣才能將知識和情感完整地傳達給學生。在東旭克服視線恐懼症之後，大家都覺得他的表情變柔和了。高敏感的東旭本來就很容易看人臉色，這種性格反而變成了他的動力和優點。他備課比誰都認真仔細，教學內容也比誰都要豐富，他會依照每個學生的需求，盡力做到讓所有人都滿意的地步。結果他的敏感，成為了他最大的武器和最寶貴的資產。他現在是首爾江南一帶的人氣名師，在補教界赫赫有名。

一喝酒就失控何解？先找到戒酒動力

45 歲的大浩已婚，是一家餐廳的老闆。他的餐廳生意非常好，賺了不少錢，目前正在籌備第一家分店。認識大浩的人都異口同聲表示他很大方，也樂於分享。但是只要跟他喝過一次酒，對他的印象就會有 180 度的大轉變——他被貼上了「一喝酒就變瘋子」的負面標籤。這點讓他覺得備受侮辱。最困擾大浩的是他通常不太記得酒後的行為，但偶爾想起一些不省人事前的記憶，都會讓他丟臉到恨不得找個地洞鑽下去。

大浩可說是和他的父親一模一樣。他的父親非常愛喝酒，有酒必喝，而且一喝就醉，常和酒友們起爭執。結果大浩父親身邊的朋友也逐漸對他敬而遠之。

最近大浩的症狀變得更嚴重了。喝了酒回家後就對妻子進行言語暴力，隨手亂丟家裡的東西。他也有好幾次酒後在路上跟陌生人起衝突，而被帶到警察局問話，甚至因酒駕被吊銷了駕照。一直活在大浩暴力陰影下的妻子，終於忍不住對他下了最後通牒：「和你相處的每一天痛苦，我再也過不下去了，我們離婚吧。」

大浩從沒想過要離婚。再加上他最近一喝酒就會掉淚，朋友們都紛紛躲著他。他開始極度厭惡起自己，但每天仍得分神經營餐廳，導致他幾近崩潰邊緣，原本非常排斥去醫院的他，也正式考慮是否要接受治療。

醫師建議

大浩最令人讚賞的一點是他接受了這些現實，承認自己：「我的酒品很差。」、「我對酒精上癮了。」來精神科接受治療也是他自己做的決定。檢查結果顯示大浩患有酒精中毒，引發了嚴重的「酒後失控」[3] 現象。

我們針對一萬名有飲酒經驗的韓國人做了調查研究，發現其中有 5.96%的人有酒後失控的行為。酒精會抑制腦內的神經活動，大多數人飲酒過量時，大腦因受到抑制而覺得很疲倦。但有一部分人腦中的「額葉」也會受到抑制，控制行為、克制衝動的功能下降，因此容易出現酒後失態或失控的行為。

這類型的人除了酒精以外，服用安眠藥等中樞神經抑制劑（即鎮靜劑）也會產生類似症狀。臨床上還有案例是做了內視鏡全身麻醉醒來後，會開始罵髒話或大吼大叫。酒精濃度越高，症狀就會越嚴重。這些人喝了酒往往就像一台「失速列車」，明知這樣不好，但就是無法控制自己，忍不住又喝下濃度更高的酒。

「斷片」（又稱酒後暫時失憶）是酒精引發的記憶障礙，英文是 black-out，指的是一個人完全不記得喝酒期間所發生的事。像是喝完酒後，完全不記得自己是怎麼回到家，或是整個記憶的過程變得斷斷續續，不知道到底發生了哪些事。斷片現象好發於短時間內大量飲酒的人，而喝酒次數頻繁、在身體疲倦的狀態下飲酒或空腹飲酒，也會提升喝到斷片的機率。

人在斷片狀態下，可能會不自覺地觸犯法律或發生交通事故，所以一定要格外小心。還有，經常斷片的人依然持續喝酒的話，容易患有「酒精性失智」。酒精中的毒性，還有可能會引起「韋尼克症候群」（Wernicke–Korsakoff syndrome）。這是一種腦部退化疾病，主要會出現健忘症、以胡亂虛構的內容填補缺失記憶的虛談（confabulation）、末梢神經炎、運動失調等症狀。另外，長期酗酒的人突然停止喝酒，可能會有酒精戒斷症候群（alcohol withdrawal syndrome），產生幻覺或出現手抖等症狀，因此應在接受治療的同時戒酒。

長期飲酒的人會缺乏硫胺素（thiamine），即俗稱的維他命 B1。維他命 B1 不足，會讓我們產生焦慮、不安、頭痛、疲勞、食慾不振、體重減輕等與憂鬱症相關的症狀。酒精不僅會阻礙維他命 B1 的吸收，也會大量消耗我們體內 B 群中的 B1，進而產生維他命 B1 吸收不良的問題。服用維他命 B1 可以預防酒精產生的毒性，也可以維持戒酒後體內的維他命 B1 含量。

其實不論是酒後失控還是斷片，都跟大浩的家族史基因遺傳有關。大浩的父親及祖父有類似情形。酗酒問題常會伴隨著家庭暴力，對妻子和子女造成非常不好的影響。更嚴重的是，子女即使討厭酗酒的父母，但罹患酒癮機率仍比沒有酗酒父母的人高出許多。因此，唯有努力戒酒，才不會讓酗酒問題傳至下一代。

後續追蹤

要戒掉酒精依賴或酒癮需歷經很漫長辛苦的過程，但大浩主動來接受治療。因為他深刻地了解到若想給孩子樹立好榜樣，有效解除婚姻危機的話，這是唯一的方法。在治療期間中，如果需要與朋友聚會，他都會盡量安排在白天，非不得已要在晚上應酬時，他也會告知對方自己正在戒酒，請求對方的諒解及協助。久而久之，大浩和友人、客戶都習慣聚會或談事情時滴酒不沾。大浩在戒酒成功後，也以驚人的速度恢復健康，全心衝刺事業，餐廳門庭若市，與妻子的關係也緩和許多。雖然他曾把家裡弄得烏煙瘴氣，家暴也讓妻子留下不可抹滅的傷痛，但他也以完全修復夫妻關係為目標，決心付出更多時間及心力。

四次元思考，成就一名好編劇

用時下流行語來表示的話，「四次元」用來形容沉迷於自己的世界，性格讓人很難預料也無法理解的人。美劇《宅男行不行》（*The Big Bang Theory*）中的四名瘋狂科學家就是典型的四次元人物。30 歲的恩雅大學時期的綽號也是四次元。她總是獨來獨往，經常想一些天馬行空的事，喜歡研究「死後世界」、「靈魂」、「轉世」這類主題，也喜歡看一般人覺得艱深的電影或哲學書，一點也不像女大生。

恩雅的父母比較保守，希望女兒努力考上公務員，或是進入大公司有份穩定的工作。恩雅並非沒有認真學習，只是她有興趣學習的大都是跟現實世界無關的內容，為此她也常常和父母起爭執。

恩雅的夢想是成為電影或電視劇的編劇，她同溫層的朋友也都與她抱持一樣的夢想。雖說同為四次元的人，思維邏輯理應很像，但是就連恩雅的朋友也常常搞不懂恩雅，因為她的想法雖然很有創意，但實在是太過脫離現實。與傳統的父母有矛盾也就算了，就連四次元好友也不挺她，恩雅到底該如何是好？

醫師建議

創意十足、想像力豐富的人，常被人看成是活在自己世界的四次元。但其實他們很可能是提出了一般人想不到的點子，觀察到一般人沒注意到的現象。也就是說，雖然他們看起來有點異想天開，但很可能創造出常人無法企及的價值，開展更大的版圖。如今這個時代，四次元的人反而比較吃香。

有時我們會在電視上看到被稱為天才、神童的孩子們，還在上小學就精通高中微積分、認識了數萬個單字等等，但他們其實並非真正的天賦異稟，而是患有「亞斯伯格症」。亞斯伯格症患者可以非常專注地將一件事做得很好，但人際互動有很大的困難。也就是說，他們的成就與真正的創造力完全是兩回事。

所謂天賦，指的並不是提前學會未來需要學習的知識，而是可以聯想到一般人想不到的層面。恩雅雖然被稱為四次元，也常有異想天開的想法，但她有卓越的寫作能力，可以創作出與眾不同的作品，發揮驚人的才能。有天賦的人指的就是恩雅這樣的人。

恩雅想出人頭地的話，就必須要記得在保有四次元思考的同時，也要能接受他人對其「四次元靈感」的建議，並運用到作品中。如果一味固執地堅持自己的想法，是絕對不會進步的。有些四次元的人不懂得變通，就會被孤立，嚴重的話甚至會被「認同」自己的「邪教」組織所矇騙、吸收。

以恩雅的情況來看，我建議她可以去訓練寫作技巧的專業機構，學習如何寫出符合格式要求的作品，再依照現實去創作。她能寫出具有「嶄新主題和獨特見解」的作品，只要內容再貼近現實一點就會更好。捨棄自己與眾不同的想法去配合普羅大眾，並不是好選擇。她的首要之務是先熟悉寫作領域中人人都該掌握的基本原則，之後才能為自己的夢想加上翅膀。

成功人士常常會迸發別出心裁的好創意。創意就像鑽石的原石，要經過許多人切割、琢磨，才能成為閃耀璀璨的鑽石。因此請多接觸各式各樣的人，傾聽他們的想法和建議。如果只和同領域的人交流，思想就會受到局限。因此，不論你有多好的想法，都要先聽取身邊人的意見後再下結論。養成這樣的行為模式，才能幫助你盡早實現夢想。

後續追蹤

或許是恩雅想實現夢想的動機非常強烈，她在心理諮商結束之後，就立刻開始傾聽朋友的意見。雖然她對現實主義的思考方式還是有一點反感，但仍將朋友的想法和建議都好好記下來，不會再當成耳邊風了。當雙方意見相左時，妥協等於是要放下一部分的自我，這對恩雅來說雖然並不容易，但她可以藉此培養包容力，未來說不定能造就更大格局的自己。

而且恩雅也確實按照我的建議，找了一家專業寫作中心指導。這也成為恩雅人生的一大轉折。在好老師的專業指導下，恩雅更能盡情發揮自己的寫作天賦。我也聽說恩雅後來參加了劇本徵選活動，成功獲獎！

現在恩雅已經沒有當年四次元的模樣，她很樂於和工作人員討論劇本。因為她明白，若希望看到自己的作品搬上螢幕，亟需與工作人員有良好的互動。她也認為把他人的意見巧妙地融入自身的作品，是創作必經的過程。

09 找到復原之路的厭食症患者

正媛是 35 歲的女性，她的生理期已經一年沒有來了，因而去婦產科做了檢查。檢查結果顯示正媛的子宮和卵巢都完全沒有問題，醫師認為是她的體重太輕，導致月經失調。正媛身高 170 公分，但體重只有 45 公斤，整個人非常纖瘦。但她仍然認為自己的大腿贅肉很多，完全不認同自己太瘦。

正媛拒絕進食的情況越來越嚴重，丈夫也越來越擔心。她完全不吃正餐，只吃專門提供給某些病患的流質食物，體重又掉到了 40 公斤。最讓人擔憂的是，除了體重下降與月經失調，她的肝臟、腎臟的功能也都受損了，連走路都覺得很吃力。正媛偶爾會吃點固態食物，但吞嚥時食物會卡在喉嚨、吞下不去，為此倍感痛苦。

經我詢問後發現，原來正媛遭受過一次很嚴重的打擊——她發現丈夫和公司同事有了外遇。兩人為此大吵了一架，但後來正媛總是懷疑丈夫是不是又外遇了，導致精神壓力越來越大，她這麼對我說：「從知道的那一刻起，我就覺得噁心，無法吃東西。而當我不吃飯之後，我先生反而開始關心我了。但我還是無法相信他，只要他說會晚點回家，我就忍不住壞疑他在外頭亂搞。」

正媛的狀態日益嚴重，最後決定住院接受治療。

醫師建議

現代社會中，飽受厭食症所苦的人非常多。厭食症與不能吃飯的原因無關，而是指患者明明偏瘦卻拒絕接受這個事實，對自己的身材抱持偏差、扭曲的看法。

罹患厭食症的人，家庭關係大都有點問題，例如：母親很愛干涉、夫妻失和等。通常這類患者都希望獲得更多關注，想透過飲食習慣來操控家人對自己的態度。

正媛如果想要克服厭食症，最重要的是她必須「接受」精神科醫生的診斷，承認自己得了「厭食症」，同時她的家人也要協助醫師治療。如果家人只顧著要正媛注重飲食，她反而會藉著「拒絕飲食」亂發脾氣、表達不滿，並趁機操控家人，因此需要全家人同心協力一起幫助正媛對抗厭食症。

如果對厭食症置之不理，將會嚴重危害身體健康。有些人是「拒絕進食的厭食症」、「過度進食的暴食症」反覆輪流發作，而在這種情況下，患者很有可能催吐或自行買瀉藥來吃。

什麼是厭食症？

❶ 對自己的體型、體態有錯誤的認知，明明很瘦仍覺得自己太胖。會把身體特定部位的某個小問題過度放大，耿耿於懷。

❷ 極度擔憂及恐懼自己體重增加。

❸ 限制自己的飲食，體重遠低於平均值。

身體質量指數（body mass index，簡稱 BMI）

$$=\frac{\text{體重（公斤）}}{\text{身高}^2\text{（公尺）}}$$

厭食症的嚴重程度以 BMI 來表示如下：

BMI 16～16.99：中度（moderate）

BMI 15～15.99：重度（severe）

BMI 15 以下：極重度（extreme）

【例】體重 45 公斤、身高 170 公分的人，BMI 算法如下：

$45 \div (1.7)^2 = 15.57$（重度厭食症）

但不管是厭食症或暴食症，我都建議一定要盡早去精神科接受專業診治，才是最好的解決方法。

後續追蹤

正媛領悟到自己的健康是最重要的，因此決定暫時拋開丈夫出軌的陰影，先好好照顧自己的身體。接受心理諮商後，在女兒、父母還有丈夫的幫助下，她病態執著的現象漸漸好轉。雖然這個過程並不像文字敘述那麼簡單，中間也發生過很多風風雨雨，但和家人相處時間越來越多以後，正媛的體重也慢慢恢復了。

正媛目前仍在接受治療，體重維持在 50 公斤左右，也恢復了正常的生活。她又能重展笑顏，充滿活力了。而且在體重增加後，她的生理期恢復正常，肝功能和腎功能也逐漸復原。

正媛最近開了一家飾品店，生意很不錯，還連開了好幾家分店。她現在不再對飲食斤斤計較，而是一頭栽進飾品的世界。正媛覺得自己以後不會再執著於體重了。她也知道喉嚨異物感源自於她內心的焦慮，隨著焦慮症狀緩解之後，異物感也消失了。現在我們可以期待正媛的身心早日完全恢復健康。

PART・5

敏感管理 16 金律
——升級我的敏感特質

只要設定簡單易行的「微目標」：

從表情、語氣到姿勢，

從作息到飲食，

找好安全堡壘、確認防衛機制，

就能管理敏感，善用敏感，升級敏感！

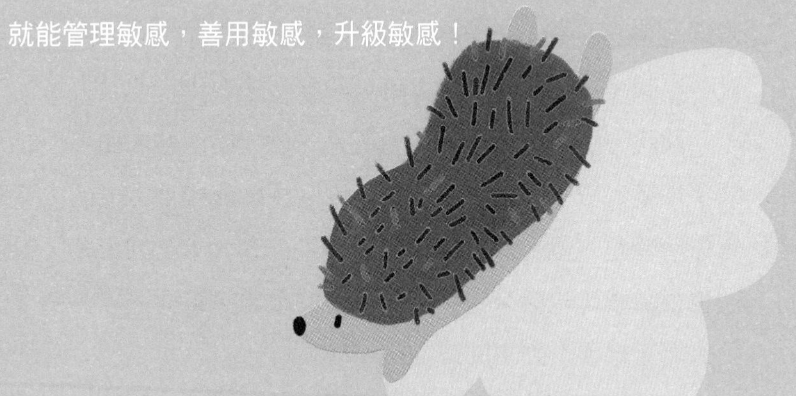

練習好好管理敏感

本書介紹了許多高敏人的案例，從知名人士到一般人都有。高敏人的警覺性比較高，可以感受到一般人察覺不到的情緒，導致大腦超過負荷而格外疲憊。這種狀態長期持續下去的話就有可能得病，像是焦慮或失眠，甚至是憂鬱症。

高度敏感的人和不敏感的人在咖啡廳交談時，前者除了聆聽對方所說的話，還會注意對方的語氣、表情、四周環境、周遭客人發出的聲音等等。他們要輸入腦中的資訊量龐大又繁雜。反觀後者只會注意對方所說的話。

據說高敏人所消耗的精力，是一般人的兩倍。如果一般人的平均精力值為 200，只要維持這個標準就能正常生活，不會有任何問題。但高敏人特別容易受到外在人事物的影響，對壓力也很敏感，包括來自職場、家庭的壓力，壓力一大，精力值就可能直線下滑到 100 或 50。

如果高敏人能把自身精力全都用於工作上，就可以發揮一般人所沒有的想像力，想到別人想不到的點子，激發出無限創意，繳出漂亮的成績單。

Part 2 介紹過賈伯斯、牛頓、邱吉爾、舒曼等五位成功的高敏感人士，但成功案例絕對不只如此，諸如舉世公認的成功CEO、備受公司重用的員工、學業成績優異的學生……世上有許多人都具有敏感特質。就如賈伯斯發明了蘋果手機、牛頓因蘋果掉落發現地心引力、邱吉爾的「黑狗」、舒曼創作多首經典名曲等，這些人都找到了將自身敏感昇華為成功基石的方法，因此大放異彩。

敏感性一旦嚴重到難以控制的局面，人就會一直處於緊張狀態，而變得不願意與人交往，或是不肯出門。如果是上班族，只會默默做著份內的工作，幾乎沒有任何社交生活，也沒有人脈可言。一旦碰到非得交際或出門的時候，他們的敏感情緒就容易大爆發。

敏感程度太高時，每天就像是大考或重大事件前夕一樣，心情緊張，惴惴不安，還會睡不好，心煩氣躁。如果經常發生這種情況，長期下來身心健康就會出問題，對任何事都失去熱情，陷入憂鬱焦慮。

高敏人應該學會好好管理自己的敏感性。有些人之所以高度敏感，出於無可奈何的原因，譬如遺傳基因所致（父母都是高敏人），或是小時候經歷過重大變故、受虐等，留下嚴重的心理創傷。這樣的人更需要好好管理自己的敏感，不讓敏感程度超出自己的負荷（參圖 15）。

避開與人相處的機會，或是把自己關在家裡不出門，都不是解決問題的方法。我們必須學會就算在人際關係上遇到挫折，也能調節好自己的敏感度。就像邱吉爾管理他的「黑狗」一樣，接著就來練習如何管理自身的敏感吧。

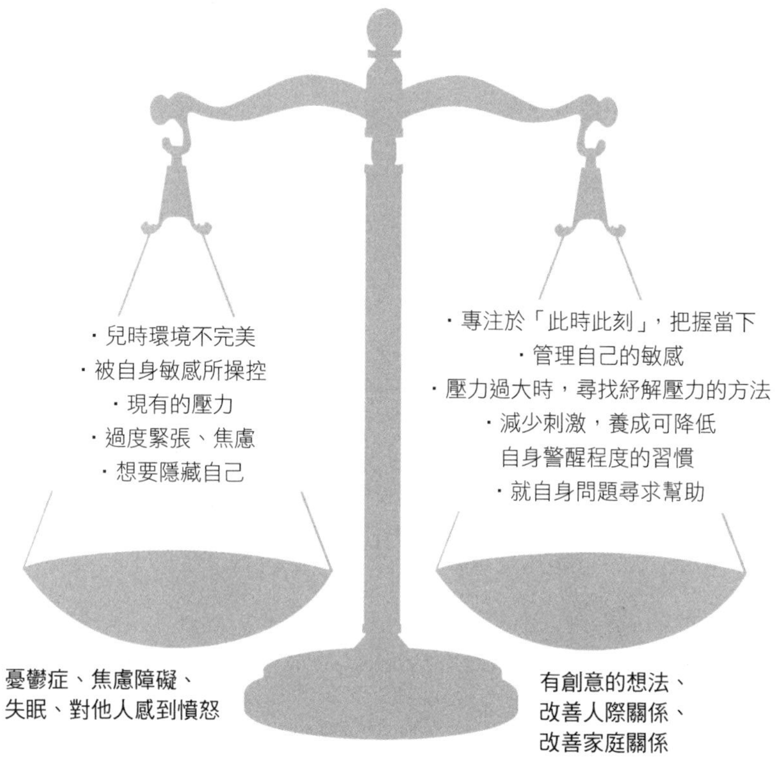

・兒時環境不完美
・被自身敏感所操控
・現有的壓力
・過度緊張、焦慮
・想要隱藏自己

・專注於「此時此刻」，把握當下
・管理自己的敏感
・壓力過大時，尋找紓解壓力的方法
・減少刺激，養成可降低自身警醒程度的習慣
・就自身問題尋求幫助

憂鬱症、焦慮障礙、
失眠、對他人感到憤怒

有創意的想法、
改善人際關係、
改善家庭關係

圖 15｜敏感管理的天平

02 改善自己的表情和語氣

高敏感族經常太過在意別人的表情或語氣，卻很少去思考自己展露於外的表情和語氣。一個人是否情緒平穩，充滿自信，從表情就看得出來，其說話的語氣也會顯得輕鬆、冷靜且平和。很多人為了變得更好看，會定期美容保養或整形，但卻少有人注意到這點：表情或語氣，才是決定他人對你印象好壞的關鍵。

當我們感到憂鬱、情緒敏感時，常會不自覺地皺起眉頭，這種表情稱為「奧米伽紋」（omega sign，omega 多譯作「奧米伽」或「歐米茄」），因為皺眉形成的紋路很像希臘字母Ω（參圖 16）。某人的眉心如果出現了奧米伽紋，意味著此人長期敏感，會下意識地反覆皺眉。這點平常照鏡子看不出來，但是和別人說話時一緊張，或是稍微覺得敏感的話，就會出現這種表情。

情緒平和穩定的人眉心不會出現皺紋，而是因為時常面帶

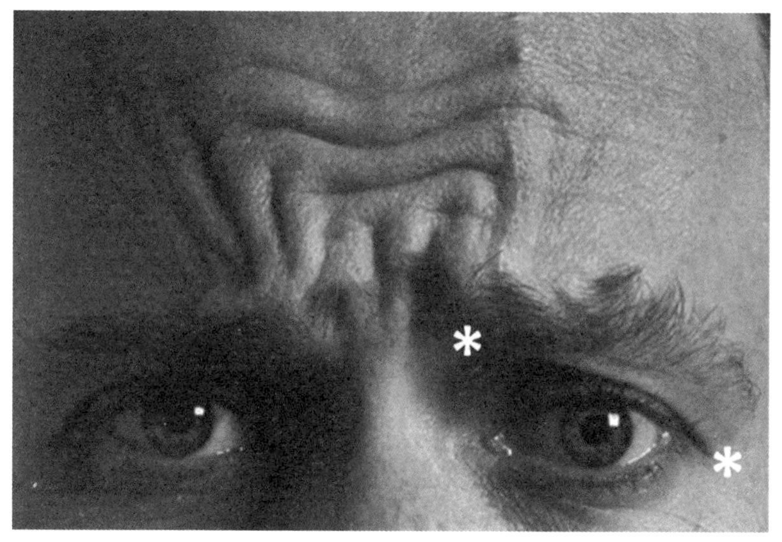

圖 16｜奧米伽紋[1]

笑容，兩眼眼角處自然笑出了魚尾紋。與他們說話時，看著他們臉上的笑容、豐富生動的表情，總能感到平靜又愉悅。有奧米伽紋的人若想努力改善自己的表情，可以做以下練習：左右手分別用兩根手指頭按壓兩側眉毛上方，再朝著兩邊耳朵的方向提拉，便可撫平眉心的皺紋。這時再照鏡子的話，你會發現表情變柔和了。想要撫平眉間紋，與其靠美容保養，管理自己的情緒與改變心境幫助會更大。

韓國美食天王白種元（백종원）與國寶級影后金惠子（김혜자）就是臉部表情管理良好的代表性人物。他們的表情非常溫和沉穩，微笑時更顯柔和，始終給人平和安定的印象。

請以這些人為榜樣，好好管理和改善自己的表情。首先對著鏡子，試著嘴角微微上揚，露出一個淺淺的微笑吧。與人接觸時，臉上就露出這樣的微笑，長此以往，人們就會對你漸漸改觀。同時，也要一併練習不要皺眉，效果會更好。

說話的語氣也非常重要。給人好印象的人，說話的速度通常不快，說話的內容也很容易理解。就像英文說得快並不代表說得好，我們在說母語也一樣，有人很會說話，也有人不會說話；前者說起話來清楚好懂也順耳。由於韓文和其他語言最大的不同就在於「敬語」，因此語氣格外重要。

在韓國，即使遇到比自己年紀小、位階比自己低的人，倘若不熟的話，最好還是說敬語。面對初次見面的人，不論是餐廳服務人員或導遊，使用敬語才是有禮貌的行為。像是「欸大姐，快拿來啊！」這種輕率失禮的表達方式，可能會讓聽者不舒服，也很容易得罪他人，讓人認為你沒有教養。

說話喜歡夾雜英文或艱深術語的人，也不是太適當的表達方式。如果聽者可以完全理解的話就另當別論，但如果讓人聽不懂，可能會覺得你是為了維護自尊心或端架子，才故意這樣說話。越是平靜沉穩的人，越懂得體諒他人，用他人可以理解的詞彙交流。

需要正式與人交流的場合，可以先觀察周遭人身上值得稱讚的地方，例如是不是換了新髮型、有沒有穿戴新衣服或首飾、聚會地點的室內裝潢、餐點是否可口、咖啡好不好喝等，先說出你覺得良好的部分（記得面帶微笑），再開始進入正式交談，氣氛會更加自然融洽。

尤其千萬要避免提起對方不想說或討厭的話題，也不要一味地炫耀自己，以免瞬間破壞氣氛。良好的對話應該是先有個讓雙方都舒服的開場白，再漸漸引入重要的正題，以達到預期的效果。

交談時務必看著對方的眼睛。偶然四目相對覺得尷尬時，不妨給對方一個微笑來緩和氣氛。對話時唯有直視對方，才能正確傳達自己的心意。記得不要表現得太過浮誇，刻意睜大眼睛或眼神飄移，都會讓對方覺得負擔。

多練習自己最有把握的表情和語氣。表情改善以後，想法也會跟著改變，人際關係也會變好。而留心、修正自己的語氣，不僅可以提升個人氣質，也能讓你更能站在別人的角度著想。

綜上所述，高度敏感的你，請無須過度糾結於他人的表情和語氣，而是應該將注意力放在自己身上，反覆練習最適當的表情和語氣，努力為自己營造溫和的形象。

端正姿勢與敏感的關係

高敏感人士因為不太喜歡與人眼神交會，所以經常低著頭，臉部也會習慣性向左（右）5～10 度傾斜，或是保持順時針或逆時針方向轉 5～10 度。低頭看手機時，頭頸會向前傾、背部拱起，從側面看就像烏龜探頭般，形成俗稱的「烏龜頸」。姿勢正常的情況下，我們的頸椎要負重四到五公斤的重量，頸椎往前傾 15 度時，負重會變成 12 公斤；往前傾 30 度是 20 公斤；60 度時就等於要承受 27 公斤的重量了。

人們在拍照時會刻意調整頭部姿勢，只看照片難以看出異狀，不妨請家人或熟人幫你看看。照鏡子時仔細端詳自己的臉和眼睛，藉此發現自己是否經常不自覺地轉頭，或是把頭偏向旁邊。有人是因為「先天性斜視」或頸部肌肉發展異常的「先天肌肉性斜頸症」（即俗稱的「歪脖子」）才導致姿勢不良，但大部分人並非如此。

對著鏡子，調整頸部角度，讓頭部維持在兩肩正中間的位置，再挺直脖子。請注意不要因為頭部位置歪斜，而讓脖子周圍的肌肉長期處於緊繃狀態。不論打電腦、玩手機或看書，都要保持頭部姿勢端正，盡量不要增加頸椎和肩頸肌肉的負擔。如果經常覺得後頸有些痠痛，或是按壓時格外刺痛的話，就表示你的頭頸姿勢不當。

如果頭部長期姿勢不當，不僅頸椎，就連腰部也會感到不舒服，容易造成腰椎間盤突出。肩頸負荷的壓力過大、引起疼痛的話，症狀還會蔓延到頭部，造成慢性緊縮型頭痛或偏頭痛。而且為了遷就不正確的頭部位置，會導致左右臉變得不對稱，如眼尾、嘴角左右高低不一。有人的下巴歪向一邊，就是為了讓已歪斜的臉部看起來對稱，而無意識地調整下巴角度，好讓雙眼維持在臉部中央線上（參圖 17）。結果就是老會不自覺地頭歪一邊。

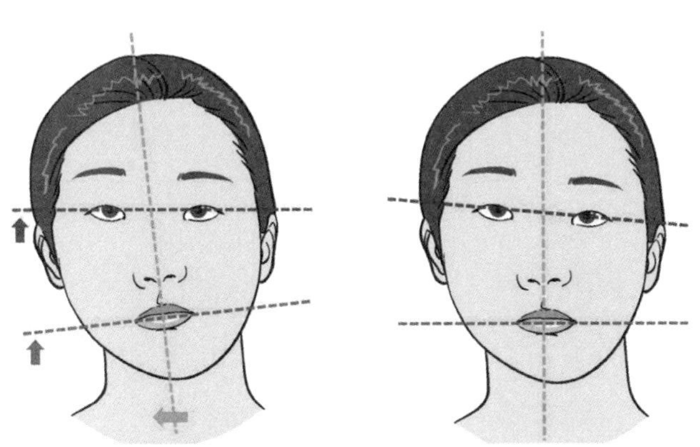

圖 17｜頭部、下顎不對稱造成頭部傾斜[12]

高敏人接觸人群時，會因為緊張而忘記平時練習過的正確姿勢，導致頭部歪斜。因此，他們需要刻意地練習如何舒緩緊張，調整頭部、肩頸位置，讓視線平視前方與說話的對象。沒有維持良好的頭部姿勢，也常會引發頭痛及腰痛。尤其是後頸的肌肉為了要支撐頭部重量，會長期維持緊繃狀態，很容易產生疼痛。

有時，人只要一緊張就會出現特殊的頭部動作，最常見的就是開車的時候。高敏人開車時會比平時緊張而出現頭部小動作。有些人是一開車就會出現烏龜頸或偏著頭。如果是長時間開車，駕駛就會感到格外疲勞，恐引發安全問題。

有些人則是會搖頭晃腦，嚴重時還會手部抖動。緊張時如果又喝了咖啡、綠茶、紅茶等含有咖啡因的飲料，手就會抖得更嚴重。這些人平時的行為舉止都與常人無異，所以會因為手抖而懷疑自己是不是得了帕金森氏症。一般而言，帕金森氏症的症狀是兩隻手抖動程度不一，一隻手的症狀往往會比較嚴重，與這裡所談的手抖症狀是不一樣的。帕金森氏症患者是大拇指和食指的抖動更強烈，像在數錢似地來回抖個不停。高敏人的家人中，通常也會有人出現晃頭及手抖的症狀，稱為「原發性顫抖症」（essential tremor）[1]，而且絕大多數人的腦部神經都沒有異狀。高敏人出現原發性顫抖的話，不舒服的感覺會更

1 原發性顫抖是一種良性慢性病，患者的肢體肌肉會產生不自主的節律性震顫，但通常不會進一步惡化。

強烈，不過只要遵照醫師指示好好治療，是可以治好的。

如果你的工作需要長時間使用電腦的話，請確實調整好電腦螢幕的位置及高度。除了頭部要維持正確的姿勢，身體也要調整，讓自己能舒適地平視電腦，這樣可以有效緩解疲勞。電腦螢幕太亮的話，會覺得刺眼而頻頻眨眼，或是出現乾眼症。而且為了防止刺眼也會下意識地轉動頭部，加重頸部肌肉的負擔。

養成頭部姿勢端正的習慣後，與人交談就會輕鬆許多，而且對方也會跟你一樣維持端正的姿勢。看電視時若仔細觀察出場人物的頭部位置，可以發現一個頗有意思的現象：主播或主持人大都會保持頭部姿勢端正，眼睛也會直視前方，而其他藝人的頭部姿勢則各不相同，至於場邊或台下一般觀眾就更不說了。主播接受過專業的儀態訓練，知道如何調整好頭部和身體的姿勢，也做過表情訓練，懂得如何配合眼神、臉部表情來充分表達自己的意思。因此我們可以向主播學習，矯正自己的體態，現在就從頭部端正不前傾開始做起吧。

照顧好 敏感的腸胃

很多敏感的人一緊張就會出現胃痙攣、腹瀉等症狀。尤其有些人的職業不允許犯下任何錯誤，像是飛行員、駕駛員、媒體人、藝人等行業中就有許多人深受腸胃敏感所苦。他們就算臨時想拉肚子而不能中斷工作，所以平時更要照顧好自己的腸胃。一般人稍微吃到生冷或不新鮮的食物時可能不會有什麼問題，但他們不能冒險去碰，因此他們在外面吃飯時總會緊張兮兮。

我們的腸胃與大腦息息相關，稱之為「腸–腦軸線」[3]。大腦和腸道會互相傳遞訊息，與腸道中的無數微生物建立連結。極度敏感，或是有憂鬱症、焦慮症狀的人，更容易得到功能性異常的腸胃疾病，例如大腸激躁症（irritable bowel syndrome，簡稱 IBS，又稱「腸躁症」）。最近有研究顯示，自閉症等精神疾患也可能與腸道有著密切的關係。

人體腸道內的微生物，即腸道菌，肩負著分解食物的重責大任，腸道菌會誘發腸道免疫系統分泌各種細胞激素，進而刺激腦神經，對大腦產生許多影響。[4] 另一方面，敏感的大腦感受到壓力時，也會發出指令促進分泌皮質醇等壓力激素，導致腸道內好菌減少，破壞腸道平衡，進而影響腸道蠕動。

近來有許多相關研究指出，調節腸–腦軸線功能，不僅能舒緩腸胃壓力，還能使心情安定。另外也有研究顯示，益生菌不僅可以穩定情緒，還有助於治療腸躁症，目前已可望研發出相關治療藥物。

高敏人在大考、當眾報告、面試等重要場合之前，最好吃一些平時喜歡且常吃的「檢驗合格食物」。人在緊張狀態下，腸胃很難消化牛奶、生魚片等生冷食品，腸道蠕動也會變慢。因此飯後應休息一下，最好一直維持腹部溫暖，直到食物消化完畢。

高敏人會長期分泌一種壓力激素——皮質醇。皮質醇是腎上腺皮質分泌的一種激素，可讓身體應付外界壓力引起的緊急狀況。它也可以提高血壓、血糖，讓身體釋放出最大的能量。皮質醇濃度長期過高的話，會造成身體分解肌肉組織，將其轉為葡萄糖，容易導致腹部脂肪堆積，造成腹部肥胖。

如果內臟脂肪囤積過多，照腹部斷層掃描就會發現脂肪塞滿器官之間的空隙，導致腸道無法自由蠕動，因此腸道邊消化食物，邊將食物送往出口的功能便會受到阻礙，從而引起便祕或排便困難。這樣的人大多數都是腹部肥胖，顯得四肢較為瘦弱，還會降低肌力，導致不想運動，結果又讓腸道的蠕動次數變得更少。

高敏人若想減少內臟脂肪、改善腹部肥胖的話，最好的方法是認真地做有氧運動。慢跑、有氧舞蹈、跳繩等可以維持呼吸節奏的運動，都可以嘗試看看。要燃燒腹部脂肪並不簡單，但只要長期堅持做上述運動，一定會看到效果。上下班通勤時多使用大眾交通工具、多走路，週末假日時也要維持規律的運動。

05 徹底放鬆休息的能力

休息是指身體和精神都徹底放鬆，處於平穩舒適的狀態。除了不工作、放空以外，最典型的休息就是睡眠。而在睡覺之外，擁有讓身體徹底放鬆、休息的能力，也能有效緩解敏感性。

高敏人待在家裡看似是在休息，但他們其實一刻不得閒地在滑手機或上網、聊 KakaoTalk[2]、瀏覽臉書、YouTube 等社群平台，看了一大堆沒多大意義的訊息，到處按讚，導致眼睛疲勞。其實比起上班，做這些事更讓人疲累。

不論是國內外旅遊，包括訂機票、訂房等事前準備，或是住在陌生的地方，都屬於壓力的一種。長途飛機、調整時差、適應當地氣候等，都會加重身體的疲勞感，況且很多時候為了參觀熱門景點還需要大排長龍。

---

2 此指韓國人最常使用的通訊軟體，類似 LINE。

但如果什麼都不做，只是一直躺著，腦中仍會出現許多雜念，例如：擔心另一半或子女、想起昨天見過的人和說過的話等，即使人躺著床上，卻無法真正休息。有時我不免會想，如果人的身體是電腦就好了，想休息時只要關掉電源就好。但我們的大腦彷彿 24 小時都在運轉，從來沒有機會停下來休息。

我們的身體感到壓力時，會刺激交感神經，分泌一種名為兒茶酚胺（catecholamine）的激素。兒茶酚胺中含有多巴胺、腎上腺素和去甲腎上腺素，大量分泌會造成全身肌肉緊繃，心跳加快，也會喚醒大腦中的杏仁核，加強應急反應，同時造成記憶力和專注力下降。

全身肌肉緊繃時，血液會集中至心臟，心跳加快，因此兒茶酚胺會快速傳到全身。這時可能會覺得呼吸不順，心跳快到彷彿可以聽見心臟跳動的聲音，而且整個人就像得了失智症一樣，記憶力突然下降，剛才聽到的事也會瞬間忘記。

如果此時身體能得到充分的休息，就能減低交感神經的作用，刺激副交感神經活化，讓我們的肌肉放鬆，心跳也和緩下來。但如果身體得不到休息，交感神經會持續亢奮處於緊張狀態，導致渾身肌肉痠痛、僵硬，血壓也會上升，造成記憶力下降。

為了要讓自己徹底放鬆休息，決定欲採取的方法之前，要先考慮能否符合下列條件：讓腦袋放空，舒緩肌肉，心跳穩定，呼吸順暢。可以完全符合的活動，通常和自己熟悉的事物毫無關係，而且這樣反而更好。例如，家庭主婦最好不要再待在家裡做家事，上班族就要找跟自己工作風馬牛不相及的事。動動平時大腦中不常用到的部分，刺激不常活動的肌肉。

舉例來說，整天坐辦公室的人，若想充分休息就不要選擇上網或打電動。因為兩者都無法讓你腦袋放空，也不會讓你的身體放鬆，還不如外出抽空騎 30 分鐘腳踏車。對於整天坐著動腦的人來說，這似乎是更好的放鬆方式。

如果空閒時間不多，或是短時間內需要快速放鬆的話，可以試試「舒緩緊張練習」。對於長期處於緊張狀態、有慢性焦慮症、失眠、恐慌症的人來說，都會有很大的幫助。任何人都能透過調整呼吸和放鬆肌肉來緩解緊張。

我們要定時安撫及放鬆自己的身體，才能讓身體聽我們的話，按照我們的想法行動。試著讓自己真正休息一次吧！讓我們的心靈重獲平靜，緊繃的肌肉也能全部伸展開來，完全放鬆。如此一來，當你回到工作崗位或再次開始讀書時，就可以發揮更好的實力。

舒緩緊張練習

請先選擇一張舒服的椅子坐下，最好是高椅背、可靠頭的椅子。坐在椅子上，閉上眼睛，放鬆全身的力量。臀部可以往前坐一點，讓椅背和臀部中間留有空隙。雙臂自然下垂，重心放在腳掌至腳尖的地方。

嘗試吸氣到下腹部，慢慢做腹式呼吸。將氣慢慢吸入至下腹部，讓小腹鼓起來到頂。吐氣時要像游泳圈洩氣一樣，用鼻子慢慢地往外呼氣，等小腹凹下後，再次吸滿空氣至下腹部。這就是「舒緩緊張練習」。重複上述步驟，大約做 30 次呼吸之後再睜開眼睛。

你現在感覺如何？是不是覺得身體變輕鬆，緊張也緩解很多了呢？如果你覺得還不夠放鬆，可能是因為身體還在用力，這意味著你還要多做幾次這個練習。

06 找到自己的「安全堡壘」

每當有人過生日，大家會聚在一起為壽星在蛋糕上點上蠟燭，唱起生日快樂歌：「你是為愛而生的人……」[3]慶祝壽星來到這個世界，以此表示我們都很重視壽星，與她（他）在一起非常開心。全家人一起為某人慶祝生日，並送上禮物，是建立自尊（self-esteem）的根源。

自尊又稱「自我尊重」或「自我肯定」，意指認為自己是有資格受到珍惜、尊重和喜愛的重要存在，相信自己一定會有所成就，成為有用之人。人活著難免會遇到失敗或挫折，也可能挨罵、考不及格，經歷各種意想不到的問題。這時如果沒有足夠的自尊，就會變得非常敏感，嚴重的話甚至會輕生。很多低自尊的人往往對自己非常苛刻。

3 此歌詞節自韓國福音歌曲《你是為愛而生的人》據說是一名作曲家為了祝福朋友生日所寫的，被多位歌手翻唱，因韓國歌手 Bada 在演員李恩珠的葬禮上演唱而廣為人知，在韓國許多慶祝場合，如生日、結婚等，都常聽到這首歌。

自尊在童年階段已經大致底定。「安全堡壘」和「適當的挫折」（optimal frustration）[5]，對於自尊心的形成非常重要。這兩者與父母和其他監護人（照護者）息息相關，尤以母親居多。

安全堡壘的概念出自發展心理學家瑪麗・安斯沃斯（Mary Ainsworth）所設計的「陌生情境測驗」（strange situation）。研究人員安排一個 14 個月大的嬰兒與母親待在同一個房間，一開始先讓嬰兒自己玩房裡的玩具，然後母親悄悄起身離開。當嬰兒發現母親不見時會陷入恐慌狀態，不再對玩具感興趣，開始嚎啕大哭並到處尋找母親。接著讓母親回到房間安撫哭鬧的孩子，嬰兒心情平復後才會再拿起玩具。[4]

嬰兒對母親形成「依附關係」（attachment），母親則成為嬰兒的「安全堡壘」。對嬰兒來說，沒有安全堡壘，會失去探索世界的好奇心，不僅降低自尊，還會變得非常敏感。不過即使母親一直在身邊，但若是嬰兒沒有對母親產生依附關係的話，母親就無法發揮安全堡壘的作用，嬰兒也很難擺脫低自尊的狀態。

我曾以 7000 名醫學院學生為對象，研究醫學生有自殺衝

4　安斯沃斯深受兒童心理學家約翰・鮑比（John Bowlby）影響，她根據鮑比的依附理論，發展出在陌生情境下評量嬰兒與照顧者關係的過程，即「陌生情境測驗」，主要在觀察嬰兒對陌生情境與陌生人的反應，以及嬰兒與母親互動、分離及重聚的反應。本書因篇幅有限，測驗內容濃縮著重在嬰兒與母親的「分離情境」。

動的原因。由於醫學院課業繁重，我一開始原以為這就是主要原因，但實際研究結果發現，讓他們想自殺的主因源自小時候與父母的關係。其中「情緒虐待」（emotional abuse）的影響最為顯著。[6] 情緒虐待是指因父母疏於照顧或不公平對待，造成孩子心理上的痛苦。

「父母的感情不好，我從小是看著他們兩人吵架長大的。」

「爸媽只在意我的成績，考不好就會被狠狠修理。」

「上了醫學院後，我發現身邊的同學都很會念書，我總是跟不上他們。」

「遇到困難時，我真想馬上去死。」

適當的挫折可以讓我們培養遇到困難時所需要的自信心。在此以一位富家千金的故事說明。故事女主角是大企業家族第三代的獨生女，白手起家的爺爺非常疼愛這名唯一的孫女，不僅請私人管家貼身照顧，凡是百貨商場專櫃上的商品，只要孫女有興趣多看一眼，不管價錢多貴，爺爺都會交代管家買下來放到孫女的房間裡。等到房間擺不下東西時，很多還沒拆封的物品會直接丟掉。

那這個富家千金後來怎麼樣了？爺爺的公司遇到危機，沒辦法再像過去那樣隨心所欲地買她想要的東西，結果她變得很自卑，也喪失了自信。又因為以前圍著她打轉逢迎的人都不見了，她認為是自己不夠好看，連做了好幾次臉部及全身整型手術，而後她又覺得別人都對自己另眼相看，導致她整天躲在家裡，閉門不出。

再來看看一名十多歲就爆紅的歌手。他當初一夕成名，一舉一動都成為社會大眾與媒體關注的焦點，雖然他一開始不太適應這種轉變，但很快就習慣了。可是當那名歌手人氣下滑，又因為犯了一些錯，遭到大批網友嘲諷或批評時，他的自尊就急遽下降。歌手本來以粉絲是自己的安全堡壘，但他們也一個個離他而去。此時他遭受的並不是適當的挫折，而是劇烈的打擊，因而罹患了重度憂鬱症。如果此時有朋友可以不管此歌手人氣高低，都始終如一地支持他；抑或他自己能放下如浮雲般的人氣，專注於音樂本業，或許有機會度過堪稱人生危機的難關。

成人後也是一樣。如果另一半或子女能成為自己的安全堡壘，那就再好不過了，但常常事與願違。這時如果母親能繼續當自己的安全堡壘也很好，但隨著母親年事已高，恐難再勝任這樣的角色。此時，從小一起長大的好友、常去宗教團體的教友，或是為你做心理諮商的主治醫師，都可以發揮安全堡壘的作用。

仔細想想哪些人可以成為自己的安全堡壘？現在浮現在你腦海中的人就可以，因此平常最好多跟他們打好關係：維持良好互動，提升彼此的自尊。就如守護自己的自尊很重要，維護對方的自尊也一樣重要。如果那人是你的另一半，要尊重對方，避免做出有損對方自尊的行為。

適當的挫折可以幫助孩子建立自信心，增強意志力，進而培養抗壓力。家教良好的家庭，父母不會事事都替孩子處理好，而是會讓他們遭受適當的挫折，幫助他們獲得成就感。從小就經歷適當挫折的人，為了克服困難，會更勇於嘗試新的挑戰。但是生活中光有挫折也不行，孩子也很需要「適當的獎勵」，一句讚美、一個擁抱對他們來說都是最好的鼓舞。

成為大人後也是一樣的道理，要隨時做好承受挫折、克服失敗的心理準備。萬一不幸遇到自己無法承受的挫敗，就需要向安全堡壘求助。要是在父母或親朋好友幫助下仍無法解決，請不要猶豫立刻尋求專家協助。

與人相處，練習「不在意」

對高敏感的人來說，最難的莫過於處理人際關係，因為他們與人交流時往往會過度緊張，有時一句無心的玩笑話或閒聊，都會讓他們覺得不適，表情僵硬，渾身冷汗直流。與他們交談的對象自然也會感到困擾與不舒服。

高敏人都很善於聯想。敏感程度越高，會更認定他人的一言一行都在針對自己。因此談話過程中，他們總是擔心說錯話，對方一旦面露不悅或表情變了，會立刻覺得自己得罪對方。

先回想一下你記得多少和朋友見面聊天的內容吧。假設是一個月前見的面，你或許還記得你在什麼地方見了什麼人，但恐怕不太記得當時聊天的內容了。除非是有特別記下來的重要大事，否則想不起來是很正常的。若將時間拉回一年前的聚會，倘若你只看著手機行程表上的紀錄，就能想起當天見了哪些朋友，那就代表你的記憶力非常好。

我們的大腦有個功能——忘記不重要的事，只將重要的內容轉化成長期記憶保存下來。發生當下令人驚嚇的事、曾投入全副心力去做的事等，皆屬後者。大家或許沒想過，但擁有遺忘的能力其實是值得感謝的事。這跟失智症患者的健忘（喪失短期記憶）不同，自然地忘卻沒有必要的記憶，在很多時候都是很重要的。

高敏人總能長時間記得那些對他人來說一點都不重要的記憶。令人擔心的是，他們卻常常忘記「有用的記憶」，例如：「進廚房要做什麼？」、「我刷過牙了沒？」、「我把手機放到哪裡了。」因為他們有太多不必要的操心，導致注意力不夠集中，與失智症沒有任何關係。

建議高敏人在與人對話時，心裡應記住這點：現在所說的話，早晚會「被忘記」。再者，他們一般不太會批評別人，或是在背後說別人壞話，但這種話會讓他們記得特別牢。

與人相處時，雙方情感的交流，比談話內容來得重要。再次見面時，因為已經熟悉彼此的容貌，不再有陌生的感覺，而是能夠自在地相處。這是因為在我們的大腦中，區分人臉的區域和記憶語言的區域是不同的。

高敏人若能與他人建立穩定的「連結」（connectedness）[5]，將會很有幫助。雖說透過傳訊息聯絡感情沒什麼不好，但先實

---

5 connectedness 意指「與他人的連結」或「人我連結」，表示人際關係的數量與深度。

際相處，再用訊息交流，可讓雙方關係變得更為穩固。

與人交流時，不要太在意對方的表情或語氣。敏感的人從小就善於察言觀色，時時刻刻都在注意別人的情緒是不是不舒服、有沒有在生氣……導致他們在不重要的地方浪費了太多精力。人的表情及語氣，其實與個人本身的性格、當天的狀態好不好有很大的關係，大部分都與「他人」無關。但有很多人會以為問題出在「自己」身上，一直為此事困擾，但即使想破頭也找不到答案，結果導致失眠，疲勞感不斷累積，最後只會更不想再跟其他人交流。

不要過於在意別人的目光。把注意力集中在與你見面交流的人身上就好，其他人對你的看法最好不要放在心上。我們身邊總會有人特別喜愛名牌包、鞋子或服飾，這樣的人往往都有先入為主的觀念，他們所說的話，我們沒有必要太在意。

維繫人際關係時，最好專注於「彼此交流」這件事。高敏人與初次見面的人很難順利交談，但若與對方互傳訊息的話，就能好好表達自己。高敏人可以把面對面交談當成是在傳簡訊，而關鍵就在於與他人聊天時，先把對方說的話全部聽完之後，再做出回應，並適時面帶微笑。

當別人沒有即時回你電話、回信或回訊，不要認為對方不在乎你或討厭你，而是要換個想法：他們對每個人的態度都是一樣的。他們也可能只是正好在忙，所以晚了回覆。

請記得，他人的一言一行，絕大部分是「他們」的事，不要一直覺得與自己有關、自己得負責，否則只會變得越來越敏感。

08 每天在固定時間起床

高度敏感的人常受失眠所苦，好不容易睡著了也會不時醒來。他們去醫院做睡眠檢測的話，結果可能是睡眠呼吸暫停症或不寧腿症候群（restless leg syndrome）[6]，但這些其實都不是導致他們失眠最主要的原因。高敏感族之所難以入睡，在於他們準備關燈就寢時，回想起當天發生的事反而會更有精神，大腦變得更清醒。這種情形就像大考前一天常常睡不著，或是白天和朋友吵架後，晚上腦中會不斷想起當時情景而睡不著一樣。

當然，不敏感的人有時也會失眠，但高敏人是從進入臥室開始，就擔心自己會不會睡不著，兩者的失眠是不同的。敏感的人會在腦中嘗試各種助眠的方法。我就遇過有人數羊數到

6　又稱腿部躁動症，是一種腦內多巴胺失調導致的症候群。一般症狀為剛入睡時，腳會無意識抽動，感覺腿部痠痛、痠麻或灼熱。也會覺得腳上像是有螞蟻在爬。

1000 隻，結果還是無法入睡，只能睜開眼睛等天亮。

首先來了解大家都很熟悉的「睡眠衛生守則」，共列出十種幫助入睡的方法。對於高敏感族，睡眠衛生管理的效果很好。所謂睡眠衛生，就是改善不良睡眠習慣，並養成良好的睡眠習慣。大原則是睡覺前盡量避免接觸刺激性事物，努力維持規律的生活習慣。

睡眠衛生守則[7]

1. 每天定時睡覺，定時起床，後者尤為重要。早上醒來後馬上起床。起床後曬曬太陽可幫助身體和大腦清醒。
2. 白天規律適量的運動。最好在有陽光時出門散步 30 分鐘到一小時。睡前不要做激烈運動，因為運動本身也是一種刺激，會妨礙我們正常入睡。
3. 避免飲用咖啡、綠茶、紅茶、熱巧克力、可樂、提神飲料等含有咖啡因的飲料。
4. 如有失眠情況，白天盡量不要睡午覺。因為白天睡覺，晚上就不容易入睡。
5. 晚餐不宜吃太飽。飲食過量也是一種刺激，會造成身體負擔，讓人難以入睡。睡前可以喝一杯溫牛奶或吃點起司，幫助入眠。
6. 晚上七點以後不要抽菸。抽菸會讓精神亢奮，不利於入睡。
7. 不要在床上進行睡覺以外的活動，例如不要在床上看書或看電視。

8. 飲酒要節制。酒精會讓人睡不安穩，即使睡著後也會醒來，因此最好少喝。
9. 躺在床上過了十分鐘還無睡意的話，就去臥室以外的地方做一些刺激性較低的事，像是看書或聽廣播，等有睡意後再回到床上躺下。
10. 躺在床上準備睡覺、半夜醒來時，都要刻意不看時間。看了時間就會擔心睡不著而感到焦慮緊張，結果更難入睡。因此最好不要在臥室、洗手間、客廳裡放時鐘。

高敏感族想要順利入睡，首要之務就是每天在固定時間起床。我們的生理時鐘會在早上醒來後開始設定，調整一天的生活步調。週末也要在同一個時間起床，長此以往，等生理時鐘穩定之後，就算沒有鬧鐘也可以自動在固定時間醒來。但如果醒來後沒有馬上起床，而是再度躺下或睡回籠覺，就會打亂生理時鐘。一般而言，早上六點半到七點之間是最適合人體的起床時間。根據上班時間的不同，提早一點起床也無妨。

起床之後要讓自己達到完全清醒的最佳狀態。唯有白天保持清醒狀態，晚上才能比較容易入睡。很多人會整個上午渾渾噩噩，昏昏欲睡，到了晚上反而生龍活虎，很有精神。想讓自己真正清醒，最好的方法就是接觸明亮的「光線」。時間允許的話，最好能在早上八、九點外出散步 30 分鐘。或是上班通勤途中曬曬太陽。身在公司等室內環境時，坐在照得到太陽的窗戶附近，也是一種折衷方式（參圖 18）。

圖 18｜迎接窗外的陽光

曬太陽還有助於吸收維他命 D。不過對高敏人來說，接觸陽光的主要目的是讓大腦清醒，而不是為了吸收維他命 D。不過維他命 D 好處多多，不僅可以預防骨質疏鬆症，還能讓心情變好。但是隔著窗戶照射進來的陽光，只能幫助大腦清醒，卻會隔絕能夠合成維他命 D 的紫外線。[7] 也就是說，打開窗戶接受陽光，或是在戶外散步曬太陽，才能同時讓大腦清醒，又可以吸收維他命 D。

---

7 紫外線裡的 UVB 可以幫助人體合成維他命 D，但是 UVB 無法穿透一般玻璃，反而是能讓人曬黑、變老、提高皮膚癌風險的 UVA 可以穿透。

很多人會藉由喝咖啡來提神醒腦，可以在早上上班時喝一杯。但對咖啡因比較敏感的人，最好盡量一杯都不要喝，下午也要避免喝含有咖啡因的飲料，可用麥茶或玉竹茶代替。

晚上躺在床上睡不著時，與其想著今天一整天發生的事或明天的待辦事項，不如閉上雙眼回想以前去旅行的趣事，或是一些能讓自己開心的回憶，這樣會比較容易入睡。有人喜歡晚上上網、打電動，或是看恐怖片，這些都會對身體形成較大的刺激，有礙睡眠。

左右移動眼球可以舒緩緊張，順利入睡，我們稱這個方法為「眼動減敏與歷程更新療法」（eye movement desensitization and reprocessing，簡稱 EMDR，又譯「快速眼動療法」）。EMDR 是 1987 年法蘭芯・夏琵珞（Francine Shapiro）博士創立的療法。[8] 敏感的人在睡前做左右移動眼球的運動，有助於盡快入睡。人們在睡眠中都會經歷快速動眼期，在此階段眼球會快速左右移動，最容易作夢。兒童快速動眼期的比例較高，睡著了眼球快速移動是很正常的現象。

在此提供一個小祕訣，敏感的人晚上睡不著的話，可以看足球、網球、棒球等有球類或物體快速移動的影片，有許多人表示這類影片可以幫助他們較快入睡。因為我們的眼睛會跟著片中的球類或人事物快速左右移動，進而舒緩緊張情緒，逐漸產生睡意。最好將音量調小，並選擇非母語（如英文）的影片，都有助於降低大腦的警醒程度，助眠的效果更好。不過請避免看太過緊張刺激的比賽，或是讓人害怕的影片。一起努力養成良好的睡眠習慣吧。

09 理解自己的心理防衛機制

哈佛大學醫學院精神科教授喬治‧華倫特（George Vaillant）以 814 名成人為觀察對象，研究時間長達 80 年，寫成《哈佛教你幸福一輩子：史上最長 80 年指標研究，揭露快樂到老的智慧》（*Aging Well: Surprising Guideposts to a Happier Life from the Landmark Harvard Study of Adult Development*）[9] 一書。此研究始於 1938 年，將受試者依照能力與背景分成三組進行研究：第一組是從哈佛大學法學院畢業生，第二組是 IQ 140 以上、中產階級出身的女性，第三組是住在大都市中心地區、高中輟學的低收入者。

華倫特認為要保持身心健康，需有七個幸福的條件。首先是擁有可以面對人生困境的「成熟心理防衛機制」，其後依序是教育、穩定的婚姻生活、禁菸、禁酒、運動、適當的體重等。研究發現，106 名哈佛大學畢業生到了 50 歲時滿足了五至六個條件，其中超過半數的人到了 80 歲仍處於「幸福健康」

的狀態，只有 7.5%處於「不幸多病」狀態。相反的，年屆 50 仍無法滿足至少三個條件的人，到了 80 歲時沒有人可以達到「幸福健康」的狀態。

心理防衛機制（defense mechanism）是人們在潛意識下自我保護的一種心理防禦作用，以維持內心平靜，避免精神上的傷害。每個人都有心理防衛機制，這與個人性格特徵有很大關係。[10]

心理分析之父佛洛伊德（Sigmund Freud）的小女兒安娜・佛洛伊德（Anna Freud）統整了其父對於心理防衛機制的研究，並進一步具體分析其理論，闡述人類的內心會如何啟動心理防衛機制來避免自己不受外界各種感情傷害。[11] 當自己的內心或外在世界發生衝擊，就會打破內在原有的平靜，產生的焦慮感會對自身造成威脅，這時我們會利用心理防衛機制來緩解焦慮，讓內心重拾平靜。

華倫特將心理防衛機制依照「成熟度」分成四種層次[12]，層次越高，成熟度也越高。研究發現，若想達到幸福健康狀態，最重要的因素就是妥善利用「成熟心理防衛機制」。美國精神醫學學會（American Psychiatric Association）將此分類做了部分修訂，收錄於《精神疾病診斷與統計手冊》第四版（DSM-IV）中，內容如下：[13]

（1）自戀心理防衛機制 Narcissistic Defenses

① 否定（denial）

拒絕承認現實中的痛苦，一開始就會下意識地認為根本沒有發生過。本人沒有認知到這點。

例 在網路上買了昂貴的衣服，收到包裹後卻說自己沒有購買。

② 歪曲（distortion）

基於自己內心的欲望而曲解事實。本人沒有認知到這點。

例 明明經濟上有困難，卻表現得很有錢，常在社群平台上傳名牌精品的照片。

③ 投射（projection）

將自己做出的決定、自己無法承擔的責任，轉嫁到他人身上。

例 將自己失敗的理由，歸咎於妻子、父母，甚至是國家。

（2）不成熟心理防衛機制 Immature Defenses

① 行動化（acting out）

以極端的言語或行動來宣洩潛意識中產生的負面情緒與衝動，但卻無法解釋自己為什麼會生氣或打人。

例 在餐廳用餐時，因為太晚上菜，認為是服務人員看不起自己而大發雷霆。

② 阻斷（blocking）

暫時壓抑某種想法，壓抑期間會更為緊張。

例 不記得昨天晚上與另一半吵過架，但一看到另一半的臉就很生氣。

③ 慮病症（hypochondriasis）

為了逃避現實生活，或是想引起別人關注，誇大自己的病情。

例 擔心自己是不是得了癌症。有人關心自己，症狀就會減輕。若去醫院檢查，結果一切正常。

④ 內向投射（introjection）

絲毫不做判斷，完全接受外界的事物。

例 無條件地相信邪教宣揚的教義。

⑤ 被動攻擊（passive-aggressive behavior）

面對他人的攻擊或不滿，不會直接表現自己的感受，但也不會按照對方的想法去做。

例 媽媽責罵兒子，要他趕快讀書，但兒子還是不讀書，一直在滑手機。

⑥ 退化作用（Regression）

退回到事發前較為幼稚的階段，將自己的行為以幼稚、不成熟的方式表達出來。好發於痛苦及焦慮的人身上。

例 弟弟或妹妹出生後，哥哥或姐姐表現得像是退回到嬰兒時期。此為當事人認為弟弟或妹妹搶走父母的關愛，為了再次獲得父母關注的一種表現。

⑦ 身體化（somatization）

將憂鬱、焦慮等精神方面的問題，以症狀或疾病的形式在身體上表現出來。

例 全身都在痛，但檢查結果顯示骨頭或肌肉都沒有問題。壓力大的時候，全身疼痛的症狀會更為明顯。

（3）神經性心理防衛機制 Neurotic Defenses

① 控制（controlling）

為了解決內心的糾葛或減少焦慮，過度控管或利用身邊的人事物。

例 控制情人的私生活，檢查對方的手機，並不時監視對方是否跟其他人有親密互動。

② 轉移（displacement）

將情緒轉移到弱小、沒有威脅性的人事物，表現出敵視、暴力等攻擊性情緒及行為。

例 和另一半吵架後，把氣出在子女身上。

③ 外化（externalization）

把自己對欲望、心情、態度、想法的感覺，轉移到現實世界或他人。

例 因為自己很憂鬱，覺得路上行人的臉看起來也很憂鬱。

④ 壓抑（inhibition）

刻意壓抑自己的欲望、想法及情緒。和潛抑不同，壓抑是有意識地克制。

例 雖然我很氣別人看不起我，但我忍住了。

⑤ 理智化（intellectualization）

將不想體驗或面對的強烈情感，與現實分開。盡可能不將危險、衝動的情緒訴諸於現實行為，而是發洩在別的地方，例如休閒活動。

例 心裡很想痛毆欺負自己的人，透過在電玩中打怪來消除這種衝動。

⑥ 抽離（isolation）

將自己與某種不愉快或不舒服的情境隔離開來的一種防衛機制，避免面對可能因此觸發的傷害或痛苦。像是在失去、失望之時為了保護自己，會放棄努力和期待。在貧乏環境中長大或長期遭受挫折的人容易產生此現象。

例 先生經常外遇，但妻子只是淡淡地說：「男人不都這樣嗎？」

⑦ 合理化（rationalization）

為自己的不當行為製造一個合理、理性的藉口，讓人們能夠接受。通常會和自戀心理防衛機制中的「否定」合併使用。

例 我考試之前一直玩、不念書，是為了緩解考前緊張的心情。

⑧ 解離（dissociation）

將記憶中不好的部分分離出去，讓自己意識不到情緒的存在。

例 遭受暴力傷害的人完全不記得這件事，認為從沒發生過。

⑨ 反向作用（reaction formation）

對於不想接受的刺激、感受和想法，故意做出相反的行為。經常用於想掩飾自身焦慮的時候。

例 媳婦明明很討厭婆婆，但還是會經常打電話問候婆婆，或是聽到婆婆的聲音才會覺得心安。

⑩ 潛抑（repression）

將現實生活中令人難以接受的刺激及欲望，壓抑到潛意識深處，但是被壓抑到潛意識裡的念頭、情緒、記憶與衝動不會就此消失，還是會在作夢、開玩笑或口誤時出現。覺得自責、感到羞恥、自尊心受傷時，多會使用潛抑。

例 記不住討厭的人叫什麼名字。

（4）成熟心理防衛機制 Mature Defenses

① 利他主義（altruism）

透過幫助他人來獲得滿足感。不直接滿足自己的欲望，而是去滿足別人的需求，並從中得到滿足與成就感。

例 自己小時候吃了很多苦，長大以後常去孤兒院當志工，幫助其他有困難的孩子。

② 預期（anticipation）

預測未來可能會發生的麻煩，提前做好預防準備。從長遠角度來看，這是一種為未來提前做好準備的能力。

例 因為父母身體不好，為了不得到和父母一樣的病，相當注意自己的身體健康，並且定期做健康檢查。

③ 禁慾主義（asceticism）

在現實生活中放棄欲望和快樂，用禁慾來得到滿足。

例 經常喝酒鬧事的人決定戒酒。每當想要喝酒時，就會開始冥想。

④ 幽默（humor）

明明心情不愉快、氣得想發火，也不會使別人感到不悅，而是開個玩笑一笑置之。

例 聽到老婆拿自己與他人比較，雖然心裡很不舒服卻不會表現出來，而是笑笑帶過。

⑤ 昇華（sublimation）

追求社會所接受或倡導的目標，在無意間也滿足了自己的欲望。

例 有人希望受到所有女性喜愛，因此從事女裝設計與銷售的工作。

⑥ 壓制（suppression）

有意識地克制或減少自己感受到的痛苦與矛盾。

例 有輕生念頭的人藉著運動來改變自己的想法，身體也變得更健康。

華倫特主張可以讓身心健康老化的七個條件：成熟心理防衛機制、教育、穩定的婚姻生活、禁菸、禁酒、運動、適當的體重，對高敏人來說也非常重要。他們會不自覺使用自戀、不成熟、神經質等心理防衛機制，來處理人際關係與家庭關係，引發問題，然後又讓自己置身於高敏感環境，陷入惡性循環。根據華倫特的理論，決定 50 歲以上中老年人生活品質最關鍵的因素，就是他們在 47 歲左右所形成的人際關係。換言之，過去遭遇的不幸不會決定我們的未來，而是可以透過現在的努力改變未來。

思考一下自己最常使用哪一種心理防衛機制。高敏人希望周遭人事物都照著自己想要的方式進行，會採用「控制」的防衛機制，亦即他們不會直接面對自己的問題，而是把責任都推給別人，將自己的行為「合理化」。每當焦慮的時候，就將情緒「轉移」到另一半或子女身上，對他們發脾氣。不去思考造成自身焦慮的原因，經常「壓抑」。有的高敏人會無法融入人群，獨自一人生活，他們會「抽離」自身的問題，說服自己所有人都跟自己一樣。

為了維持健康安穩的生活，建議大家都能使用「成熟心理防衛機制」。我們不可能控制一切人事物，別人的事就順其自然吧，我們該做的是給予別人充分的自主性，以及適當的關懷。同時，我們也必須正視自身的問題，並設法改善。請捫心自問：我現在「生氣」原因是在我自己身上，抑或都是別人的錯？請檢視自己的內心，待人處事多一些寬容，多一點幽默，避免與別人正面衝突。此外，與其一個人孤單地生活，不如讓自己融入人群，與他人一起從事對社會有益的事，讓自身的敏感特質升級為正向的力量。同時也要找到能夠管理好自身敏感的最佳辦法。

認清自己喜歡什麼，討厭什麼

如果可以明確知道自己喜歡和討厭的分別是什麼，對於管理自身敏感有很大的幫助。但人生在世，有很多事物都是我們從未接觸過的，想知道自己是喜歡還是討厭，談何容易。誠如職業類別五花八門、人的性格百百種，在找到理想工作或另一半前，我們不可能全都嘗試過一遍。

相較之下，吃吃喝喝就簡單多了，確認飲食方面的好惡比較容易。而且品嘗味道、吃飽喝足的滿足感，都會讓人心情愉悅。因此有人每當敏感發作時，首先就會想到大吃大喝一頓。雖說吃很飽可以減緩一部分敏感性，但對身體健康並沒有好處。請想想除了吃喝以外，自己還喜歡做什麼呢？

做自己喜歡的事，心情會非常輕鬆，常常忘了時間。如果有一件事既是自己喜歡的，又能賺錢，還對身心健康有益，那就太完美了。不過即便無法如此完美，只要能讓你緩解自身的敏感性，就是好事一樁。最好找到一件可以代替吃喝的喜好，透過做這件事就能找回身心的安寧，同時降低我們的敏感程度。

舉例來說，適度地打電動，有助於維持身心健康。在日常生活中，我們很難從其他地方獲得遊戲帶來的強烈刺激和成就感。但是如果長時間打電動，會消耗大量精力和體力，影響到正常生活作息。ADHD 過動症患者之所以平時散漫，但打電動就能比較專心，就是因為可以從遊戲中獲得強烈的刺激感，享受到瞬間的滿足感。

如果喜歡的是看書、看電影或散步，會是如何呢？你可以觀察做這些事時，你的敏感程度有無降低，心情是否變穩定。如果某事能同時滿足以上兩點，就是你喜歡做的事，也是能夠撫平內心敏感的好方法。

那麼如果討厭上學、運動或考試的話，又會如何呢？遇到這些自己很討厭但又不得不做的事，就會棘手許多。這時可以在討厭的事情中，尋找有沒有比較喜歡的部分。就算是極其討厭上學的人，也應該能找到較有興趣的科目。假如你痛恨數學，但還算喜歡歷史，那麼在你情緒敏感或精力值下降時，就可以先念歷史，等到精力充沛時再做數學。

要是你非常討厭運動，可以仔細想想有沒有自己比較不排斥的運動。如果實在找不到喜歡的運動項目，不妨找個自己喜歡的指導教練或同伴。可以先想想自己是喜歡球類運動、一個人去健身房，或是喜歡瑜伽這類靜態運動？別將運動想成是非做不可的義務，而是要從中感受樂趣。

大考即將到來又該怎麼辦？假設你再怎麼努力念書，成績也不見提升，或是怎麼考都考不好，不管是誰都會討厭學習。像是高普考考生連續幾年都考不上，專注力自然會降低，很有可能一看到參考書就會變得很敏感。

有些事明明很討厭卻不得不做，可以盡量在做的過程中穿插一些自己喜歡的要素，防止你的能量被消耗殆盡。如果已經到了精疲力竭的地步，既使強迫自己坐在書桌前也不會有任何效果。可以找個空檔外出散散步，或是看一些輕鬆的書籍。也可以給自己一些時間做喜歡的事，為自己充電。提前安排好自己的時間，提前計畫好每件事，按照自己身體能承受的範圍來調整進行節奏，對於提升我們的記憶力和集中注意力方面，都很有幫助。

11 珍惜家人獨特的存在

想判斷一個高敏人的未來順遂與否，從其家庭關係可看出一些端倪。而家人之中，另一半的角色最為重要。如果另一半會刺激高敏人的敏感性，敏感程度只會越來越嚴重。相反的，如果另一半可以理解並支持的話，敏感程度就會漸漸好轉。

所有工作都需要時間適應，慢慢熟悉，進而上手。對待家人也是一樣，你自己需要傾注時間和努力，對方也勢必會更加理解你的敏感，願意給予幫助。

首先要從選擇另一半開始準備。雖然人與人之間的緣分是可遇不可求的，但先提前描繪理想另一半的樣貌，對擇偶很有幫助。如果我是高敏人，我的另一半也是的話，那會怎麼樣呢？當我情緒起伏很大，另一半也不遑多讓的話，會發生什麼問題？人類總是會被和自己個性相似或完全相反的人所吸引，甚至著迷。

舉例來說，個性小心翼翼的年輕女性，通常會被有暴力傾向的男性所吸引，因為她們認為強壯的男人才可以保護自己。但如果那名男性會施加言語或肢體暴力的話，一旦發現就要立刻斷絕關係。在戀愛時就有暴力傾向的人，結婚後也一樣會家暴，暴力傾向會像遺傳疾病般在家族中代代傳承，極難改變。酒後打人或罵人也是一樣，只要有了第一次，之後就會越演越烈。

有些男性會覺得注重打扮和外表、情緒起伏較大的女性很有吸引力。這樣的女性往往很愛在社群上炫耀奢侈品，上傳很多網美照讓大家「按讚」。與她們交往的人要做好覺悟，那就是薪水可能有相當大一部分得用來投資對方的包包或鞋子。

高敏感的人比較適合的對象是沉穩、心思細膩的人。有暴力傾向的人絕對不適合敏感的人。想知道一個人的個性是否沉穩，只要觀察那人的好惡並多多交談，就能清楚知道。至於心思細不細膩，從他對家人、同事、寵物的態度亦可推測出來。

結婚之後一定要多花時間經營家庭，這是建立一個美好家庭最重要的因素。父母每天都要陪孩子一起玩、念書給孩子聽，與他們共度歡樂時光。父母從孩子小時候就開始建立親密關係，可以培養孩子平和的性格，也是讓他們建立穩定人際關係的重要基石。

有些家庭為了送孩子出國當小留學生，父親會獨自留在國內當大雁爸爸[8]。因此父親應在小孩出國前，付出多一點時間與孩子相處。還沒有與孩子培養出充分親密關係就把孩子送出國，父子或父女關係很容易就能切斷。與另一半的關係也一樣，常言道：「身體遠了，心自然也遠了。」親子關係緊密的父母和子女，只要父母在自己身邊，子女都會非常高興，也很願意一起享受歡樂的親子時光；反之，父母與孩子之間的關係就會變得疏遠，甚至形同陌路。

有些人是因為另一半或家人而變得敏感，在檢視家人的問題前，應該捫心自問，確認自己是否有花足夠的時間和精力陪伴家人。過去為了生計無法好好陪伴家人的人，從現在開始也不算晚。就算時間不長，將時間和心力投注在家人身上，和他們一起度過安心愉快的時光，對家裡所有人都會帶來正面的影響。

---

8 大雁爸爸是指讓妻子陪小孩出國念書，自己留在國內上班賺錢的父親。

不讓過去的記憶操控現在的自己

過往的記憶或經驗，對敏感的人來說影響很大。而問題在於，他們會依照目前的情緒感受，大幅扭曲過去的記憶。

我們來回想一下童年發生過的事吧。閉上眼睛想想你最早的記憶大概是幾歲？你還記得小學開學典禮嗎？記得上幼稚園有哪些趣事嗎？通常一般人不會記得幼稚園以前的事情，那時的記憶大都是長大後看著照片想像出來的。

打個比方，就像人們看到蛇或蝙蝠，通常會感到害怕，而第一次看到這些動物的小孩也會出現同樣的反應。以演化的角度來看，這可能是承襲自人類祖先的潛在恐懼基因，讓我們天生就懂得迴避危險事物。

雖然不是人人如此，但有些人會無意識地保有一些童年的記憶。有人會說自己第一天上幼稚園時，因為不想和媽媽分開，又一整天和陌生人相處在一起，所以害怕大哭。他們其實不太記得這段記憶，但母親通常會對當時的情況記憶猶新。而當這些人長大成人後，有人會因為先生或孩子太晚回家而非常害怕，不斷打電話追蹤。

還有一些事是本人可能記得很清楚，但是家人和親朋好友卻絲毫想不起來的。敏感的人大都屬於這一類。因為自身的敏感特質，所以對於過去的記憶歷歷在目，還會因為過於敏感，把過去的記憶進行修正，進而做出偏極端的行為。

例如，小時候家裡遭小偷，許多東西被偷走了，長大後出門都要再三確認門鎖，還會用智慧型手機連結家中監視器，以便隨時確認家裡有沒有不肖之徒。

還有人會堅信一些不是事實的記憶。有個患者曾說自己小時候在文具店看到一個非常漂亮的洋娃娃，趁著老闆不注意偷偷拿走，卻被老闆發現，也通知父母前來解決。但事後詢問他的父母和老闆，都說沒有這回事。文具店老闆表示就算小孩子偷拿東西被發現，他都是當場請小孩把東西放回去，絕對不會通知家長。我後來與該名患者深談後發現，他把自己愛看的電視劇某段場景，當成了真實發生在自己身上的事。

由此可知，很多人會被個人當下的情緒感受或目前的價值判斷所影響，將過去的記憶改編成另一個截然不同的故事。這和存在電腦硬碟中的影片不一樣。如果記憶中只記得另一半曾經對自己不好、欺負自己，那每當與另一半起衝突時，就只會記得並放大這類的記憶。

雖然過去的記憶也有存在的意義，值得好好珍惜，但不能讓過去記憶中的情感操控現在的自己。「此時此刻」才是最重要的。

13 與其擔心未來，不如專注此時此刻

高敏人往往會對未來充滿擔憂。譬如今天需要開車出門時，他們就會擔心萬一發生車禍該怎麼辦？如果因此開車時會把安全帶繫好，格外小心駕駛，未嘗不是一件好事。但要是擔憂過了頭，導致敏感程度增加，發生事故的風險反而會提高。

未來會如何，無人知曉，其中存在太多變數。如果無法擺脫對未來的擔憂，可能會因為陷入焦慮狀態而釀成更大的問題。如果你現在覺得很焦慮，請想想自己目前的處境，思考一下是哪個環節引發焦慮。是因為昨天收到的體檢報告而憂心忡忡嗎？還是很擔心孩子考試的成績？這時你應該可以馬上想到，這些擔憂和一開車就擔心出車禍一樣，都引發了你的焦慮感。

對敏感的人來說，專注於「此時此刻」才是最重要的。提前一個月擔憂的話，焦慮狀態就會持續一個月；提前一年的話，就得面對一年份的焦慮。如果擔憂的是死亡這件事，就會

「永遠」活在「要如何面對死亡的焦慮」之中。

14 認同自我價值，建立有益的人際網絡

「我」是一個國家的公民、一個家庭的成員，也可能是某人的另一半或朋友，或是一名學生。無數人的人生就這樣交織成「人際網絡」(interpersonal network)。根據人際網絡的理論，任何人只要透過幾層關係，就可以與美國總統產生連結。而我們每個人都隸屬於這個盤根錯節的社會網絡。

如果社交範圍很小，和不同圈子的關係就會減少，進而產生被排擠的感覺。人際網絡越大越豐富，你就會覺得自己是社會中重要又有價值的人。因此，現代人會透過臉書、推特、KakaoTalk、Instagram 等社群平台來建立並拓展自己的人脈。

當你認同自我價值時，就不會太過在意旁人對你的評價、看你的眼神了。因此，請不要封閉自己，多拓展人脈、擴大交友圈，與各種人交流吧。擅長建立人際網絡的人，比較會好好聆聽他人的故事及過往經驗。善於傾聽、同理心強的人，也比較善於建立良好的人脈。

個人認為利用名牌服飾、包包、鞋子或高級進口車來創造自己的價值，並不是好方法。這些東西會讓你永無止境地想跟別人比較，不管投入多少金錢，都很難獲得滿足。

喜歡打扮、在意外表是好事，但如果因此沉迷於整型的話，很可能是自身太自卑、自尊過低所造成。照鏡子時總是會先注意到自己不滿意的部分，其實很正常。但有些人會認為別人討厭自己都是因為自身外表的不完美。追根究底，會有這種思維的人，對自我價值都有錯誤的認知。從現在開始不要過度執著外在，應把心力放在審視自己的內心世界。

最好不要靠著在背後說閒話或道人長短，來吸引他人的關注。如果你經常說別人的不是，聽者也會懷疑你可能在背後罵他，進而提高對你的防備，漸漸疏遠你。如果你說的閒言閒語傳到了當事人耳裡，那人就會將你從他的人際網絡中剔除。

為了打造出有益的人脈，要先了解自己喜歡什麼樣的人，然後多與你喜歡的類型來往。多觀察他人的優點，經常稱讚別人，也有助於拓展人際網路。

提升另一半的自我價值感，乃是利人又利己的好事。多稱讚對方的優點、多跟對方聊聊從過去到現在有何改變，可以同時提升雙方的自我價值感。

舉例來說，「你看起來氣色變好了。」、「為了小孩，你真的付出了很多努力。」、「你好像沒有以前那麼敏感了。」常對另一半說這些好話，意味著你尊重、認同另一半，有助於大幅提升對方的自我價值感。

請記住，一個小小的變化，也可以帶來很大的轉變。

15 不要製造敵人，不要幻想敵人

如果周遭有討厭或攻擊你的「敵人」，著實令人困擾又心累。尤其敏感的人很容易受到敵人影響，加上本身疑心病就重，很有可能會嚴重到對所有人都充滿戒心，懷疑所有人都是自己的敵人。

不斷以自我為中心去懷疑他人別有居心，老是認為別人對自己有敵意，即是「偏執狂」（paranoia，又稱「妄想狂」）。偏執狂一旦對目標對象起了疑心，就會覺得那人的一切言行舉止都很可疑，將對方當成敵人。當這樣的「敵人」變多時，就會偏執地認為每個人都在攻擊自己。

如果不想樹敵，就要做到不去無視、鄙視或傷害他人。與人發生爭執時，也要秉持吃虧就是占便宜的道理，先讓一步才是正確的選擇。尤其是敏感的人最好避免走打官司等曠日廢時的法律途徑。就算暫時吃了虧，以長遠的角度來看，卻能省下了不必要的精力消耗，將時間和精神用來處理其他正事。

如果非不得已要對別人說不中聽的話，可以先想想該怎麼表達，才能讓對方比較容易接受。最好採用比較委婉的詞彙及語氣，若是語氣太硬且太直接，對方就不會注意到你說話的內容，只會感受到你的攻擊性，因此一定要態度溫和，對方才能聽進你的話，也才有可能進一步做出改變。

各位不妨試試以這樣的語氣來說話，例如：「可以請您提出建議嗎？」、「辛苦您了，以後也請多多指教。」、「如果您能提出更完備的建議，對我們的工作進展將是莫大的幫助。」溫和的語氣既能表達對他人的尊重，也能減緩溝通過程中的劍拔弩張，打造讓彼此都舒服的對話氣氛。

16

為「敏感天線」換個方向

我們的大腦具有可塑性，可以強化經常使用的神經迴路，加強神經元之間的連接效率，進而提升特定行為的表現，讓我們能夠更迅速地做出反應。就像視覺障礙者雖然視力不好，但手部感覺神經卻比一般人發達，讓他們可以順利摸讀點字。視力正常者用手指去觸摸點字，則難以分辨出不同盲符的差別。[9] 又如高爾夫選手，據說在經過無數次練習後，可以練到每次揮桿，都能控制自己打出想要的擊球距離。

高敏感的人特別在意他人的表情及語氣。他們越常分辨會讓自己敏感的表情或語氣，這區域腦神經的連結就會隨之增強。如果他們從事的職業需要敏銳地掌握或觀察他人的情緒，敏感特質就會是一大助力，但對於建立和維繫人際關係，往往

9 點字，又稱盲文、盲字、凸字，是盲人使用的文字，點字的基本單位是長方形的盲符，有位置固定的六個點，每個點可以凸出或不凸出，形成 64 種可能。

只是有害無益。

高敏人來看診時常提到與別人談話時，會突然覺得呼吸困難。這是因為他們太在意對方的表情及語氣，當對方生氣或是語氣變差時，高敏人會一直猜測原因，導致越來越緊張。隨著緊張程度升高，他們往往會覺得吸氣困難，進而暈眩。

高敏感的人在與人對話時，不妨當成是在傳訊息，就會輕鬆許多。傳訊息的好處是只需關注訊息的意思，其他文字、語言以外的內容（如情緒）不會傳達出去。一樣的內容，打電話談可能會很有負擔，直接見面說明更是難上加難。因為不論是通話或面對面交談，除了說話的內容，還要同時在意對方的聲音、語氣、表情等方方面面。

高敏人最好將「發達敏銳的感測神經」轉移到其他地方。譬如說，以關心對方的角度出發，將注意力放在談話對象的身心狀態。談話過程中，如果對方的表情不太好，別去想：「他是不是不喜歡跟我聊天？」而是要思考對方表現出來的狀態，像是：「他看起來很累，是不是有什麼煩惱？」、「他大概是昨天喝多了，現在感覺還在宿醉。」

我們的大腦中，越常使用的神經迴路，神經元之間的連結就會越強。因此只要持續努力改善，就一定會看到效果。和他人交談時，不要過度解讀對方的神色，而是採取一種關心對方的態度，就能有助於減少自身的敏感性。

PART · 6

列出憂慮清單，整理人際關係

透過兩大整理清單，

擺脫不必要的憂慮，

包容或遠離讓你不舒服的人，

建立穩定、和諧、親密的人際關係。

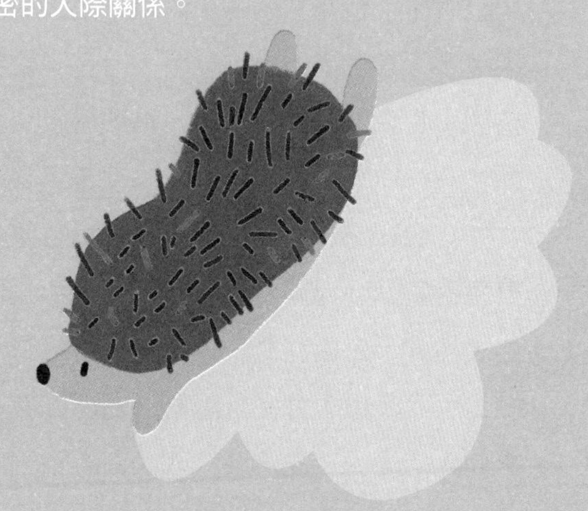

製作四階段憂慮整理清單

高度敏感的人憂慮特別多，不僅擔心自己，也要擔心家人，每天都生活在憂患意識之中。也因此他們最大的煩惱，往往是要擔憂的事太多了。

隨著網路和手機越來越發達、影音頻道越來越多，人們可以輕易獲得各種資訊，但要分辨巨量資訊的真假，以及是否對自己有用，也益加困難。一般來說，資訊存在的目的是為了吸引更多人注意，所以常以誇大、甚至扭曲的方式呈現。因為只要能引起大眾關注與討論，點閱率上升，廣告收益也會隨之增加。

在地球另一端發生的事，因消息傳遞有時差，所以與國外有生意往來，或有家人在國外的話，一旦發生緊急或重要事件，常會半夜還在憂心忡忡地等待最新消息。因科技進步，即使到了夜晚也不會完全黑暗，隨處都有光線的刺激，這就叫做夜間人造光源（artificial light at night，簡稱ALAN）。智慧型手機、電腦螢幕等3C產品發出的藍光會刺激大腦，讓人在晚上也處於清醒狀態。飲用咖啡等含有咖啡因的飲料也能讓我們時時保持清醒。

在這種情況下，各種刺激、憂慮交替出現，我們的大腦就像一個塞滿了亂七八糟衣服的衣櫃，整個人顯得慌亂不已。我們應該將腦中的憂慮分門別類，好好整理過後，再放回大腦的櫃子。整理過程中，倘若發現沒必要、沒有用的憂慮，可以直接丟棄。

各位可以按照下列四個階段，為自己製作一份「憂慮清單」（附錄中附有空白清單，方便讀者自行填寫與計分）。

第 1 階段 Stage 1

列出憂慮清單

根據憂慮程度寫下目前擔心的事。請在四個選項中選擇一項，同樣依照憂慮程度填入 1～5 分。

1 分	2 分	3 分	4 分	5 分
輕微憂慮	有點憂慮	中等	非常憂慮	極度憂慮

憂慮程度	憂慮事項	必須馬上解決的事 1～5 分	無法避免的事 1～5 分	到時再擔心的事 1～5 分	發生機率很低的事 1～5 分
1	子女能否與新朋友和睦相處	3			
2	子女能否考上理想學校			2	
3	明天要跟公司高層開會，很害怕		3		
4	明天要上班，很痛苦		2		
5	體重增加太多	3			
6	擔心得了癌症				3
7	擔心貸款利息		2		
8	擔心子女發生車禍				3
9	擔心家裡遭小偷				4
10	擔心瓦斯爆炸				2
	分項總分	6	7	2	16
	合計總分	31			

「必須馬上解決的事」分數較高

你現在同時做太多事了，必須有所取捨，先專心處理某幾件事就好。倘若真的每件事都必須馬上進行，請務必找家人或其他人為你分擔。

「無法避免的事」分數較高

現階段做的事讓你覺得很痛苦。在無法避免的事中，分數最高的那一項就是讓你最頭痛的事，優先解決它吧。

「到時再擔心的事」分數較高

你是習慣在事情還沒發生就提早擔心的人。即使你現在就提前憂慮，等到事情發生時，情況還是會隨時生變。這類的事，等到真的發生了再擔心也不遲。

「發生機率很低的事」分數較高

此項分數較高代表你是「真正的高敏感人士」。不過這些沒必要擔心的事正在消耗你的能量。建議一年中選定一天，專門用來煩惱這類的事，並思考解決的方法。最好挑比較不忙的日子。

● 總分達 20 分（含）以上時

重新檢視憂慮清單，找出最好解決的事項，解決完畢後請刪除。

例：擔心家裡遭小偷→換個更安全的門鎖→刪除此項

● 如有現在必須馬上解決的事，請立刻找出解決方法。

第 2 階段 Stage 2

必須馬上解決的事

從第一階段中選出必須馬上解決的事，寫在這張表上。請在兩個選項中選擇一項，依照憂慮程度填入 1～5 分。

憂慮程度	憂慮清單中必須馬上解決的事	能自己解決的事	需要找人商量的事
		1～5 分	1～5 分
1	子女能否與新朋友和睦相處		3
2	體重增加太多	2	
	分項總分	2	3
	合計總分	5	

「需要找人商量的事」分數較高

屬於獨自過度擔憂的人，若能與他人分享自己擔憂的事，可以減輕擔心的程度。不妨試著跟家人或朋友傾訴。

「能自己解決的事」分數較高

你會在事情還沒開始之前就一味地擔心。請鼓起勇氣，將憂慮化為實際行動。

第 3 階段 Stage 3

必須馬上解決且需要找人商量的事

從第二階段中選出必須馬上解決且需要與人商量之事，寫在這張表上。接著寫上可以商量的對象，並依照需要程度填入 1～5 分。商量之後將適合的解決方法寫下來。

憂慮程度	憂慮清單中必須馬上解決且需要找人商量的事	商量對象		解決方法
		丈夫	子女	
		1～5 分	1～5 分	
1	子女能否與新朋友和睦相處	2	2	和丈夫、孩子討論後，決定邀請新朋友來家裡玩

• 和商量的對象一起找出解決方法，寫下來，然後按照商量的方法努力去做。

第 4 階段 Stage 4

必須馬上解決且能自己解決的事

從第二階段中選出必須馬上解決，而且可以獨自解決的事，寫在這張表上。依照急迫程度（不急：1 分，非常急迫：5 分）、費用（幾乎不需要花錢：1 分，需要花很多錢：5 分）、時間（幾乎不花時間：1 分，需要花很多時間：5 分）分為三項，每項打 1～5 分。然後寫下最佳解決方法。

憂慮程度	憂慮清單中必須馬上解決且能自己解決、的事	急迫程度	費用	時間	解決方法
		1～5 分	1～5 分	1～5 分	
1	體重增加太多	2	2	3	控制飲食，去健身房運動

＊先排出事情的急迫程度，接著考慮費用與時間，並找出最適當的解決方法。

整理好自己憂慮的事情之後，就能清楚知道哪些是現在最需要馬上解決的事。重點在於確定要朝哪個方向解決，進而找到最佳解方。解決方法底定之後，不要猶豫，請直接付諸行動。如果你在幾種方法之中猶豫不定，很有可能是不論採用哪一種都差不多，這時請別浪費時間，先按照其中一種方法去做，反而有利於縮短憂慮的時間。

相處起來舒服的人 vs. 不舒服的人

哈佛大學有一場史無前例的長期研究〈哈佛成人發展研究〉（Harvard Study of Adult Development），在 75 年間密切追蹤調查了 724 人的生活，旨在找到「幸福生活的祕密」。該研究以兩組截然不同的年輕男性為對象：一組是於 1939 年至 1944 年間進入哈佛大學就讀的 268 名學生；另一組則是出身波士頓最貧困地區的 456 人，針對兩組人的人生，進行比較分析。[1] 喬治・華倫特教授領導此研究長達 30 年，現任負責人為哈佛大學精神疾病專家羅伯特・瓦爾丁格（Robert Waldinger）。

瓦爾丁格教授的研究結果顯示，良好的人際關係可以讓我們擁有健康幸福的生活。維繫人際關係是有益的，孤獨則對人類有害無益。也就是說，和家人、朋友、鄰居之間的社會聯繫越密切，就會越幸福，而且更為健康長壽。[2] 人際關係的品質比什麼都重要，若能形成穩定、親密的關係，不只對身體有許多好處，還可以保護我們的大腦，強化長期記憶，記憶力變得更好。

想建立親密的人際關係，我們要努力維繫自身人際關係，使其保持良好狀態。敏感的性格可能會妨礙良好人際關係的建立。如果你與某些人相處時感到疲憊、不舒服，卻不得不繼續來往，很難不變得敏感。相反地，如果你的身邊大都是讓你很舒服、輕鬆自在的人，你的人際關係就會非常和諧。

首先，想想你和哪些人相處起來覺得很不舒服。他們可能是你的另一半、子女、原生家庭成員，或是一個朋友，也可能公司同事或上司。再來請思考一下他們讓你覺得不舒服的原因，例如：說話的內容、語氣、表情、自以為是的態度等。

雖然思考讓你不舒服的人事物，會導致壓力變大，但也能幫我們找到敏感的源頭。仔細想想哪些人讓你覺得很舒服、哪些人讓你不舒服，從中找到自身敏感具備哪些特徵，幫助自己釐清頭緒。

第 1 階段 Stage 1

相處起來不舒服的人和理由

按照不舒服的程度，依序寫下那些人的名字。再回想他們讓你不舒服的理由，共有四個選項：說話內容、語氣、表情，以及自以為是的態度，同樣依照不舒服的程度填入 1～5 分。

不舒服的程度	相處起來不舒服的人	不舒服的理由			
		說話的內容	語氣	表情	自以為是的態度
		1～5 分	1～5 分	1～5 分	1～5 分
1	金美子	2	3	5	2
2	朴美妍	2	4	4	1
3	李政民	1	3	3	2
4	金靜珠	2	4	4	1
5	金泰盈	2	3	4	2
6	鄭英姿	2	1	3	2
7	金敏貞	2	3	2	1
8					
9					
10					
	分項總分	13	21	25	11
	合計總分	70			

- 寫完讓你不舒服的人與理由之後，接著來想想哪些人讓你感到舒服自在。

第 2 階段 Stage 2

相處起來舒服的人和理由

按照舒服的程度，依序寫下那些人的名字。再回想他們讓你感到舒服的理由，共有四個選項：說話的內容、語氣、表情、謙虛的態度，同樣依照舒服的程度填入 1～5 分。

舒服的程度	相處起來舒服的人	舒服的理由			
		說話的內容	語氣	表情	謙虛的態度
		1～5 分	1～5 分	1～5 分	1～5 分
1	李英淑	2	5	5	3
2	金珉子	1	4	3	2
3	全善熙	4	3	2	2
4					
5					
6					
7					
8					
9					
10					
	分項總分	7	12	10	7
	合計總分	36			

如果沒有人讓你覺得舒服或不舒服

你與他人的情感交流太少了。因為性格敏感，你可能更喜歡獨處。年輕的時候或許不會有太大問題，但上了年紀後就會更容易感到孤獨。

如果不舒服的人，比舒服的人還多

你會因為人際關係而消耗很多能量。可以思考一下有什麼辦法可以讓身邊多一些見面時覺得舒服的朋友。

如果舒服的人，比不舒服的人還多

大多數人屬於這一類。即使見到了讓你不舒服的人，只要再與讓你舒服的人見面就可以舒緩你的情緒。可多與舒服程度排名第一及第二的人見面。

不舒服的理由中，「語氣」和「表情」的分數較高

你與人交談時，會比較注意對方的語氣及表情，而不是說話的內容。敏感的人大多有這個問題。其實人們在談話過程中展露的表情及語氣，與他們當天的狀態有很大的關係。因此不要認為他們在針對你，都是因為你的關係。

不舒服的理由中，「自以為是的態度」分數較高

有些人喜歡彰顯自己的優點，藉此吸引他人的關注。這樣的人給人的感覺都差不多。如果實在不舒服，可以完全不要見面。當然也可以選擇在某種程度下，包容並接受這樣的人。

不舒服的理由中，「說話的內容」分數較高

如果是對方所說的話讓你不舒服，就需要進一步理性分析

箇中緣由。可以找一個雙方都覺得舒服的環境，試著與對方討論解決辦法。如果對象是上司或長輩而不好開口的話，情況可能難以改變。如果你與對方不常見面，大可不用將對方所說的話放在心上，如此就能避免見面時承受太大的壓力。

舒服的理由中，「語氣」和「表情」的分數較高

這說明你在與人談話時，會習慣看別人的臉色。也就是說，如果對方的語氣變得跟以前不一樣，講話難聽或臉色難看時，你可能會覺得很受傷，也會變得更敏感。請記住，對方的語氣和表情，主要是與他當天的狀態有關。千萬不要覺得對方是因為你才會這樣。

舒服的理由中，「謙虛的態度」分數較高

與謙虛的人相處會覺得輕鬆自在，但也比較難說出真心話。與他們相處時，最好找一個舒適的環境。

舒服的理由中，「說話的內容」分數最高

這是最完美的情況。聽對方說話，感到舒服自在，心情和氣氛都很好，敏感的心也能放鬆。不管和誰見面，都請盡量聊一些讓對方舒服的話題，同時避免談及政治、子女成績等敏感話題。

了解哪些人讓我們覺得舒服，哪些人讓我們不舒服之後，有助於了解自己是哪種類型的人。人際關係就像一面鏡子，可以反映我們的性格。大部分人覺得與性格相近的人相處比較輕鬆自在，與性格差很多的人相處則會不太舒服。

高敏人覺得不舒服的原因，通常是對方說話或行為太過直接且情緒化。由於他們更在乎的是對方的言行舉止，還會加上自己的解讀，因此容易受到比較大的刺激，反應也會較大。如果對方的表情和語氣很強勢，就會覺得對方說的話一定也很強勢。

如果一定要與說話直來直往、情緒化的人來往，建議將面對面交談想像成是在傳訊息，只注意說話的內容本身即可。如果太過在乎對方的表情、語氣，可能會讓你忽略對方實際上說了什麼，以致於產生誤會。如果公司上司是這樣的人，沒聽清楚對方的話時務必再次確認。隨身攜帶筆記本，即時記錄上司話中的重點，將有利於彼此溝通。

高敏人往往會排斥讓自己感到不舒服的人，所以人脈和交友圈子都較小。但是隨著年齡增長，若是再繼續與他人保持距離、自我隔絕的話，可能會引發憂鬱或焦慮。如果你與有些人相處起來很舒服，還會聊到忘了時間，就要多與這些人見面聯絡感情，還能順便預防我們因為過於敏感，導致身體出現異狀。

PART · 7

高敏人的
精力使用說明書

高敏人，常將敏感用在錯的地方；
所消耗的精力、所承受的壓力，遠比一般人高。
若想從「敏感模式」轉換成「穩定模式」，
先了解自己是哪種「精力型」，
再學習怎麼將精力用於發揮所長和潛能。

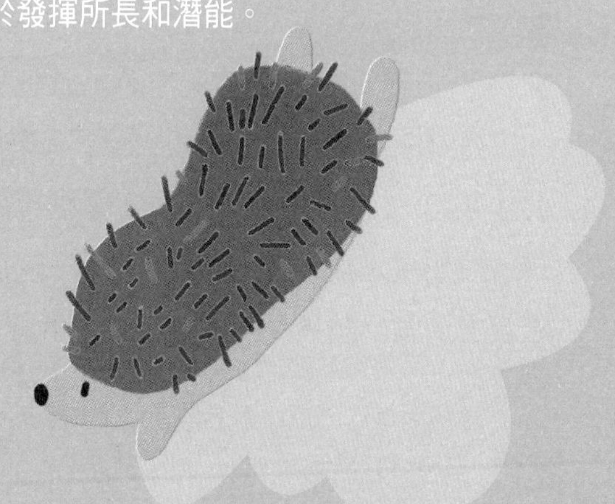

01 敏感與精力息息相關

過去許多人在求學時期成績一旦退步，都會遭到父母體罰。近年來雖然家庭體罰情形已經減少，但仍有類似的責罰，或可溯及「斯巴達式教育」。據說歷史上斯巴達人的教育都是由國家統一監管，所有男孩滿七歲就要離家進駐軍營，接受教官嚴格的訓練。

接受斯巴達式教育的人，記憶會比較深刻。因為記憶與恐懼、痛苦有關，而大腦中的杏仁核會讓人記住經驗中最重要的細節。[1]但每當想起那段記憶時，敏感程度就會不知不覺地增加，並逐漸累積。舉例來說，每次做數學題目時，由於錯一題就會被打一下，因此學生遇到簡單或做過的題目幾乎不會出錯。但如果是從未看過、難度又很高的題目，學生的緊張和焦慮就會加劇，結果更不知道要如何解題了。

1 杏仁核對情緒的反應十分重要，尤其是恐懼，當受到傷害之後，杏仁核的特定區域會「學會害怕」，並產生恐懼的記憶。

一個人的敏感性，與自身的精力、能量息息相關。高敏人所消耗的精力往往會超出正常範圍。面對日常生活的變化或心理壓力，他們所消耗的精力遠比一般人高很多。為了有效管理自身的敏感性，最重要的是減少生活中的壓力，並維持適當的精力值。請好好思考該如何管理敏感吧。

精力，要用在對的地方

敏感的人常會將自身精力用在其他人不在意的地方。如果精力旺盛的話就不會有太大的問題，但如果精力值與一般人差不多，又同時分散在太多地方的話，很容易導致精力不足而無精打采，提不起勁。

不論是工作、學習或家庭生活習慣，都要妥善調節自己的敏感性，朝著對自己有益的方向集中精力去做，這點非常重要。我們可以檢測自己在日常生活中的壓力指數。當你承受某種壓力時，精力就會用來對付該壓力，若是得了憂鬱症，整體精力值都會減退。

「生活壓力評量表」（The Holmes and Rahe stress scale）是最廣為使用的一種壓力量表。一個人若是同時承受許多壓力，精力消耗的速度會加快，就像一台手機同時開啟太多 App 應用程式，很快就會沒電一樣。各位可以參考下列量表，計算一下自身的壓力指數。

生活事件壓力量表
The Holmes and Rahe stress scale

此量表有助於評估生活中的壓力指數，據此檢視並分析壓力發展成疾病的可能性。量表中列出了生活中可能遭受壓力的重要事件，每個事件對應一個分數，透過加總遇到的事件分數，可以有效了解壓力程度以及罹病風險。現在就來計算自己過去一年中所承受的壓力指數是多少吧。

- 配偶死亡　100
- 離婚　73
- 夫妻不和、分居　65
- 入獄　63
- 親人死亡　63
- 受傷或生病　53
- 結婚　50
- 失業　47
- 再婚　45
- 退休　45
- 家人生病　44
- 懷孕　40
- 性生活問題　39

- 家中增加新成員　39
- 工作、事業重新調整　39
- 財務狀況發生變化　38
- 好友死亡　37
- 轉行　36
- 經常和配偶吵架　35
- 高額貸款　32
- 擔保、抵押　30
- 公司職務變動　29
- 子女離家　29
- 和婆家產生嫌隙　29
- 個人傑出成就　28
- 配偶開始工作或不再工作　26
- 生活環境改變　25
- 習慣改變　24
- 和上司不和　23
- 搬家　20
- 工作時間或環境改變　20
- 轉學　20
- 休閒生活改變　19

- 宗教活動改變　19
- 社會活動改變　18
- 小額借貸　17
- 睡眠習慣改變　16
- 家族聚會次數改變　15
- 飲食習慣改變　15
- 休假　13
- 重要節日　12
- 輕微觸法　11

合計：________________分

＊分數說明：

150分以下：生活中沒有重大變化，因壓力導致健康問題的機率較低

150～299分：未來兩年，出現重大健康問題的機率為50%

300分以上：未來兩年，出現重大健康問題的機率為80%

高敏人所承受的壓力是一般人的二至三倍以上，因此精力消耗速度很快。他們在生活中遇到困難時，會變得更緊張、焦慮不安，還會擔心同樣的情況再次發生，而產生預期性焦慮症

狀[2]。仔細觀察上述量表的生活事件可發現，分數最高的事件分別是配偶死亡、離婚及夫妻不和，都與夫妻關係有關。因此另一半是否穩定、平安，夫妻相處有無問題等，對高敏人來說都非常重要。

憂鬱症會消耗一個人全身心的精力。高敏人若是罹患憂鬱症，會變得非常焦躁不安，對任何事都憂心不已，大腦警醒程度也較高，導致難以入睡。同時也可能開始懷疑配偶，甚至認為是另一半害自己得了憂鬱症。人一旦開始憂鬱，就要盡可能減少生活中的壓力來源，類似搬家、轉換工作跑道、與先生吵架這樣的壓力事件越少，成功克服憂鬱症的可能性就越高。

高敏人在精力消耗殆盡之前，要記得為自己充電。等到氣力放盡才充電的話，通常要花比較久的時間。最好多做一些可以增強並累積能量的事，減少生活壓力，也要避免和配偶起衝突。而減少衝突的關鍵在於不再互相猜疑，重新建立雙方之間的信任。

2　屬於廣泛性焦慮症，患者常會對未來可能發生的事或不幸的事件，出現胡思亂想或持續性恐懼的現象。即使想控制這些念頭但不易成功，會出現坐立不安、呼吸急促、肌肉緊繃、心悸、發抖等症狀。

03 調節你的精力值，做好精力管理

同年紀的人相較之下，有些人的精力消耗得比較快。要怎麼做才能增加能量，提升精力呢？首先要確認自己屬於哪一種類型：精力較低、精力起伏比較大，或是始終精力充沛。

精力較低型

本身精力長年偏低的人，可能會有輕鬱症（dysthymia）[3]。這類人的動作像烏龜一樣慢吞吞，反應也比一般人慢半拍，但他們其實有顆高敏感的心，充滿憂慮，思緒也很複雜。

精力較低的人必須避免思考太複雜的事，以免大腦不斷運轉而消耗太多精力。舉個簡單的例子，就連今天中午要吃雪濃

3 為持續性憂鬱症（persistent depressive disorder，簡稱 PDD）的前稱，根據美國精神醫學學會 2022 年出版的《精神疾病診斷與統計手冊》第五版修訂版（DSM-5-TR）中的定義，已刪除輕度憂鬱症（dysthymia，簡稱輕鬱症）此名稱。

湯還是炸醬麵，光是做這樣的選擇都會讓他們耗費很多力氣。即使不管選擇哪一種，都不會有太大的差異。

如果是重大的抉擇，就需要很高的精力值。比如有人要介紹男朋友給你，光是考慮對方是怎樣的人、與對方見面時要穿什麼衣服或該說什麼話等，精力偏低的人很有可能煩惱到最後直接放棄見面。倘若一個人在每件事都消耗過多精力，能做到的事就很有限，到頭來只能做從過去到現在一直在做的事。換句話說就是，只能過著一成不變的生活。

我給精力較低者的建議是，在日常生活中盡量減少在「做選擇」消耗精力。即使你們做一個選擇只比他人多消耗 20% 的力氣，但人每天都要面對無數選擇，遲早還是會精疲力竭的。而且為了補充精力，你們可能會購買各種對身體有益的營養保健食品，結果在選購上又耗費了大量精力，綜合比較下來，即使吃了營養保健食品對你的幫助也很有限。真正該吃的是平時無法正常進食，或是有慢性疾病的人。

精力較低的人通常在上午會特別疲累。早上起床後總會昏沉無力，行動緩慢，警覺性也很低。何不試試每天早上提早 30 分鐘起床？如果早上八點到九點之間能曬曬太陽的話，有助於增加活力。就像利用太陽能發電一樣，光線透過眼睛進入人體後，可以增加活力。曬太陽的效果，比任何一種保健食品都要好。

有在上班的人，上班前慢跑 30 分鐘，或是週末提早起床出門散步，都對身體很有益處。如果沒有時間外出或工作太忙的話，早上坐在窗邊感受陽光也是不錯的選擇。如先前所述，敏感的人此時需要的不是讓陽光促進維他命 D 的合成，而是要藉由光線讓大腦清醒。因此，曬太陽時可以遮住臉和身上的皮膚。

還有一個不錯的方法，那就是養成說話時直視對方眼睛的習慣。若要談高敏人不擅長哪些事，「與人眼神交會」一定是其中之一。他們與人交談時，看著對方的眼睛總會覺得害羞，也會感覺對方在打量自己。有些高敏人是一開始還能與人四目相交，但很快就會別開眼神看著地上或四周，根本無法集中精力與對方談話。

這種無法與他人眼神交會的行為，大多是長年的習慣。我詢問過一些高敏人的母親，得知他們從小就是如此。每當你因為直視他人而覺得壓力很大、不自在時，不妨試著微笑一下。這時臉上做一個簡單的表情，就可以減緩部分心理壓力。而最糟糕的情況是為了迴避他人的眼神，而不自覺眼睛往上看、做出類似翻白眼的表情。眼睛露出的眼白過多，會讓別人感到很有壓迫感。

透過與人四目相交、微笑交談，還能掌握對方說話的嘴型，比較不會錯過對方講到的內容。微笑也能促進情感交流，避免產生誤會或猜疑。和自己的另一半聊天時，也要練習看著對方的眼神並保持笑容，這樣一定可以減少雙方敏感的情緒。

精力旺盛型

精力一直很旺盛的人，可稱為「高昂型性格」（hyperthymic temperament，亦可參照輕度狂躁症）。和輕鬱症患者相反，這類人說話速度很快，動作也快。不過在敏感、容易憂慮方面，兩種類型的人基本上是一樣的。

這類人由於精力過於旺盛，經常會惹出事端，嚴重的話可與「躁症」（mania）比擬。不過即使沒到躁症的程度，他們也給人精力無窮的感覺，公司高層、執行長等領導型人物都屬於此類。

精力旺盛的人，多半個性強勢。為了貫徹自己的意志，他們往往不會聽別人的意見。此外，因為他們語速很快，一旦有人聽不懂他們說的話，他們的心情就會非常不好。精力旺盛的人有時也會倍感痛苦，因為當他們的思考已經跨到下一個階段，還停留在現階段的其他人卻無法理解、認可他們提出的意見。

這類人的腦筋動得很快，但要他們在腦中踩煞車，將精力用於傾聽他人的想法及關注他人的情緒，是需要投注大把時間與精力的大工程。因此，這類人應該接受此一現實，做好心理準備：贊同、接受別人的意見，並不會傷了自己的自尊心，自己的想法也可能出錯，或是有不足之處。

此外，這類人與他人意見相左、發生衝突時，容易傷害彼此的感情，造成雙方的矛盾。一開始可能只是雞毛蒜皮小事，慢慢演變成糾紛，甚至可能得鬧上法院、訴諸法律才能解決，更別提整個過程中會消耗掉多少精力。

我想建議一向精力旺盛的人，在日常生活中盡量少將精力用於「矛盾紛爭」之上。與越多人在情感、金錢上有所糾葛，就會消耗越多精力，最後只提升了自身的「憤怒指數」。

精力旺盛的人，晚上常會因為精神仍處於亢奮狀態，而難以入睡。他們就算躺在床上也不會好好睡覺，而是一直滑手機或找人聊天。但這類活動最好在臥室以外的地方進行，一旦進了臥室就該安靜地準備睡覺。有充足的睡眠，才有充足穩定的精力，同時也有利於控制憤怒的情緒。

運動也有助於維持精力值的穩定。運動可以消耗多餘的精力，減少「冒險行為」。冒險行為包括賭博、不當投資、糜爛的休閒活動、不正常的異性關係、盲目創業等，這些問題都會對家庭和個人經濟造成重大衝擊。

許多在社會上有高度成就的人都屬於精力旺盛型。他們很清楚自己的精力狀態，會為精力找到適當的宣洩出口。他們會透過高爾夫球、網球、閱讀、游泳等休閒活動來消耗多餘的精力，藉此避免自己做出荒唐不得體的行為，尤其是不會將多餘精力用在男女關係上。如果精力沒有調節控制得宜，很有可能轉化為性精力。

另外，這類人也要修正說話時橫眉豎眼的習慣。與人交談時，橫眉豎眼或語氣強硬會給對方帶來壓迫感。要是喝了酒，情況可能會變得更嚴重，一不小心還會引發類似「職場霸凌」的問題。說話時應以溫和的眼神看著對方，保持微笑，並給對方足夠的時間表達意見，同時也讓自己可以聽清楚對方說的話。有時這類人會因想法太過跳躍，當對方還在說 A，他們卻已經想到 F 了，因此容易造成誤會及糾紛。

精力旺盛的人也容易和另一半發生激烈衝突。因為他們精力較一般人旺盛，口氣往往也更為強硬，導致配偶也得用相同或更多的精力來回應，結果雙方都情緒高漲，甚至可能引發肢體衝突。和另一半交談時，要盡量維持精力的穩定，微笑並溫和地看著對方的眼睛。

精力突然下滑型

相信很多人都有過這種經驗：突然沒有力氣，什麼事都不想做，只覺得非常疲累。憂鬱症（depression）患者也會出現類似症狀。體力和精力突然減弱下滑，有時是壓力所致，有時卻是沒來由的。

有些打擊率一向很好的棒球選手，會突然在幾個月之間打擊率大幅下降，完全無法發揮正常實力。這段期間叫做「低潮」，是指在運動比賽中無法發揮既有實力，長時間遇到瓶頸而退步的現象。這種低潮狀態跟憂鬱症其實非常類似。

得了憂鬱症也會出現精力下降的情況，最好在患病初期就好好管理。初期出現情緒低落、精力減弱等問題時，高敏人的敏感情況會更為嚴重。此時若與他人（如親朋好友、配偶等）發生糾紛的話，就會掉入無限敏感的惡性循環。雖然表面上看來他們是因為另一半或親朋好友的壓力才患有憂鬱症，但事實是大多數患者早就得了憂鬱症而不自知。

人一旦變得敏感，會覺得周遭人事物都很礙眼，也容易起疑心。這類人就常出現這種情景：別人無心的一句話或一個表情，都會被高敏人當成話中有話、別有深意，晚上上床睡覺時仍然非常在意，反覆思考對方到底是什麼意思。這種想法因此不斷地被放大、加油添醋，結果比事實本身不知誇張了多少倍。結果當事人因為情緒憤慨，難以入睡，起床去看電視或喝水。結果到了凌晨才入睡，第二天早上起床後精神不濟，無精打采。

比如，另一半打電話來說：「今天事情太多，我會晚點回家。」平常可能會很自然地回應：「好，忙完再回家吧。」但如果正值精力減弱，情緒變敏感的時候，可能會不由自主地回說：「我在家忙東忙西這麼辛苦，你為什麼不早點回來？你真的是在工作嗎？」掛了電話後仍繼續抱怨配偶不像以前那麼體貼，一定是變心了。

人如果經歷過好幾次憂鬱症發作，就會知道自己是容易得到憂鬱症的體質。但第一次發作的時一定還不知道自己得了憂鬱症，而以為是別人造成的，因此懂得如何管理自己的精力及情緒相當重要。

人一旦喪失以往活力、情緒開始憂鬱，就不能再隨意浪費自身的精力，而要力求安穩地度過這個時期。這時要避免與另一半或其他人起爭執，多活動筋骨，像是出門散步或上健身房運動，盡量提高運動量，同時也要擁有充足的睡眠。有些人會在一年中特定的時間情緒低落，這種現象叫做季節性情緒失調（seasonal affective disorder，簡稱 SAD）。此外，有些女性會在生理期來臨前一個星期，心情非常低落，變得極為敏感，此一現象是經前症候群。很多人身上都可以看到這種「憂鬱模式」，尤其是家人之間通常會發生類似的情形。

至於精力起伏變化很大的人，在精力突然上升或下降時都要特別小心。如果情緒突然變得很敏感，甚至還會萌生自殺的念頭。腦海中的自殺念頭總是揮之不去時，也千萬不要責怪自己，請去醫院檢查自己的敏感程度是否變嚴重了。

能夠克服自身精力低下問題的人，通常在精力開始減弱的初期階段，就能找到自我管理的方法。不過主動去精神科接受諮商治療也很重要，因為能夠更了解自身發生的問題，而且主動尋求幫助的態度，也能幫助自己變得更正面。

一天精力起伏很大型

有些人的精力會突然下降又恢復，一整天高低起伏好幾次。這類人比前面說明的三種類型還要更敏感。他們也是屬於情緒起伏較大的人，情緒會像坐雲霄飛車一樣，搖擺不定，自己也摸不著頭緒。除了自身精力起伏以外，他們的睡眠、飲食、情緒也會跟著不穩定，整個人陷入混亂之中。他們會忽而暴飲暴食，忽而拒絕進食，晚上經常失眠，隔天睡到中午才起床。這類人甚至幾乎不出門，經常深夜獨自在家喝悶酒。

會出現這種狀況，通常不是一天兩天造成的。這類人大都是從國高中開始出現精力起伏變大的情況。由於性格敏感，人際關係通常不佳，經常獨來獨往。他們之中也有許多人因為心思敏感細膩，在文學、音樂、美術、設計、電影等領域有傑出的表現。但是若想充分發揮自己的才能，就必須維持自身精力的穩定。打個比方，就像一台高級音響，遇到電壓非常不穩，時間久了這台音響也八成會故障，無法發揮原本的功能。

想要保持精力的穩定，可以將自己一天的行程寫下來，做成圓餅圖。早上最好在六點半到七點之間起床。每天在固定時間起床，是維持精力穩定的一大要素。因為早上起床是啟動一天身體節奏的開始。

起床後卻躺在床上是沒有用的。打開窗簾，曬一下從窗外照射進來的陽光，就會感覺自己完全清醒，情緒也會穩定下來。之後再洗個澡，吃頓早餐。

我建議大家一定要吃早餐。早餐份量要充足，搭配蔬菜還可以防止便祕。早餐吃得豐盛，晚上比較不會突然食慾大開，而養成暴飲暴食的習慣。晚上暴飲暴食容易晚睡，隔天早上起不來，結果陷入惡性循環，一再錯過吃早餐的時間。

吃完早餐後睡意通常會突然湧來。但這時一定要打起精神出去走走，完全清醒了再回家。早上要出門上班的人，在上班途中聽廣播，也可以幫助你清醒。大腦完全清醒後，心情也會變好。

白天盡量不要睡覺，中午過後也要避免飲用咖啡等含咖啡因的飲料。許多案例顯示，敏感的人經常會因為下午喝了一杯咖啡，導致晚上睡不著覺。對高敏感人群來說，咖啡因的效果會比一般人持久。

人在情緒出現變化時，要意識到自己處於「敏感模式」（sensitive mode）。像是很多人有經前症候群症狀，應該要清楚自己很容易敏感，生氣或煩躁的時候要告訴自己：我只是暫時情緒比較敏感才會這樣。

我建議晚上也最好在同樣的時間睡覺。過了 11 點最好不要看電視、手機和時間。當你可以每天早上在相同的時間起床，漸漸地你也會每天晚上都在相同的時間睡著。即使半夜突然醒來，也記得不要打開電視、別看手機或時間。上完廁所後就馬上躺上床。閉上眼睛後可以回想一下以前旅行途中看過的美好景色，想想當時看到的樹木、建築物等景物。

如果躺在床上回想的是今天發生過的事、思考明天要做的事，或是想著與某個人的回憶，大腦會很清醒而難以入睡。不帶特殊情感的中性回憶，才能降低大腦的警醒程度，幫助我們順利入眠。晚上睡不著也毋須太擔心，盡量讓自己隔天早上能在固定的時間起床。

我們每個人都應該好好照顧自己的身體。保持健康，就能改善精力起伏過當的情況。將生活作息表放在床邊，確實照表操課。有朝一日，你會發現自己從「敏感模式」變成了「穩定模式」（stable mode）。這樣一來就能減少敏感所致的不必要精力消耗，將精力用於發揮所長和潛能，提升自我價值。

後記

EPILOGUE

高敏感人士不是什麼特殊族群，而是我們周遭隨處可見的人，可能是你的另一半或家人，也可能是朋友或同事。倘若對他們不夠了解，很容易產生誤解與糾紛。高敏感人如果可以好好控制、處理自身的敏感特質，反而可以補足他們的性格，發揮所長。

高敏感人眼中的世界，跟不敏感的人所看到的世界，是截然不同的。他們就像是內建許多精密程式，搭載高性能相機和麥克風的電腦，一般人視而不見、聽而不聞的一切，他們都看得見也聽得到，連別人想都沒想過的事，他們也能設想周到，但就是因為他們會時時留心、注意周遭事物，大腦自然就超載了。

如果你的另一半或朋友是高敏感人，請不要對他們發脾氣，更要避免衝著他們大吼大叫。因為他們不僅不會因此改變，還會變得更敏感。對待他們，除了需要耐心，若是能用一顆溫暖的心去包容他們，更能真正幫助他們減緩敏感的情緒。

當然，最重要的莫過於高敏感人自身的努力。先認同自己擁有高於常人的敏感特質，進而努力調節敏感。要正視這個事實：「正是因為我的雙眼、耳朵及大腦都高度敏感，才會對世間萬事萬物都格外敏感，也因此特別累人。」從現在開始好好調節自身敏感，慢慢改變自己，讓自己有能力去幫助別人。

附錄

APPENDIX

1　憂鬱症自我檢測

敏感的人容易得到憂鬱症。一旦得了憂鬱症，平時可以輕鬆辦到的事也會變得很困難。請各位參照的「病人健康問卷」（PHQ-9），評估一下自己的身心狀態。

病人健康問卷 PHQ-9

本問卷可讓各位自行檢測憂鬱症的嚴重程度。在過去兩週，有多少時候您受到以下任何問題所困擾？而且在過去兩週，一天之內有過多少次下列的想法？每題依據嚴重程度以 0～3 分表示，請根據你的情況，選擇最適合的分數。

	過去兩個星期	0～1 天	2～6 天	7 天以上	幾乎每天
1	感到心情低落、沮喪或絕望	0	1	2	3
2	做事提不起勁或沒有樂趣	0	1	2	3
3	難以入睡、睡不安穩或睡眠時間過長	0	1	2	3
4	食慾不振或吃太多	0	1	2	3
5	動作或說話速度緩慢，或煩躁或坐立難安	0	1	2	3
6	感到疲倦或無精打采	0	1	2	3
7	覺得自己很糟、失敗，或讓自己或家人失望	0	1	2	3
8	對日常事物專注有困難，例如看報紙或看電視	0	1	2	3
9	有不如死掉或自殘的念頭	0	1	2	3
	總分				

10 如果你認為自己有問題，該問題對於你的工作、家庭、與人相處等方面，是否造成了困擾？

□完全沒有困擾　□有點困擾　□非常困擾　□極度困擾

PHQ-9 是目前廣為使用的自我檢測憂鬱症量表之一，為 1999 年史畢哲博士（Robert L. Spitzer）等人研發的檢測方法。[1] [2]

第 10 題就是算出總分後，再評估這些問題為自己帶來多少困擾。計算時，加總 1～9 題的分數即可。

評估標準[3]

總分	憂鬱程度	說明
0～4 分	正常	幾乎沒有憂鬱傾向
5～9 分	輕度憂鬱	有輕微憂鬱傾向，但不會影響日常生活。這樣的狀態持續下去的話，可能會降低個人身體或心理的應對能力。一旦出現這種情況應盡快至專業醫療機構諮詢
10～19 分	中度憂鬱	有中度憂鬱傾向。這種程度的憂鬱感，會降低個人身體或心理的應對能力，也會妨礙日常生活。出現這種情況應盡快去專業醫療機構諮詢，尋求更詳細的評估結果與協助
20～27 分	重度憂鬱	有非常嚴重的憂鬱傾向。請立刻尋求專業醫師的協助，接受詳細評估與諮商治療

2 憂慮清單

第 1 階段 Stage 1

列出憂慮清單

根據憂慮程度寫下目前擔心的事。請在四個選項中選擇一項，同樣依照憂慮程度填入 1～5 分。

1 分	2 分	3 分	4 分	5 分
輕微憂慮	有點憂慮	中等	非常憂慮	極度憂慮

憂慮程度	憂慮事項	必須馬上解決的事	無法避免的事	到時再擔心的事	發生機率很低的事
		1～5 分	1～5 分	1～5 分	1～5 分
1					
2					
3					
4					
5					
6					
7					
8					
9					
10					
11					
12					
13					
14					
15					
	分項總分				
	合計總分				

- 「必須馬上解決的事」分數較高

你現在同時做太多事了，必須有所取捨，先專心處理某幾件事就好。倘若真的每件事都必須馬上進行，請務必找家人或其他人為你分擔。

- 「無法避免的事」分數較高

現階段做的事讓你覺得很痛苦。在無法避免的事中，分數最高的那一項就是讓你最頭痛的事，優先解決它吧。

- 「到時再擔心的事」分數較高

你是習慣在事情還沒發生就提早擔心的人。即使你現在就提前憂慮，等到事情發生時，情況還是會隨時生變。這類的事，等到真的發生了再擔心也不遲。

- 「發生機率很低的事」分數較高

此項分數較高代表你是「真正的高敏感人士」。不過這些沒必要擔心的事正在消耗你的能量。建議一年中選定一天，專門用來煩惱這類的事，並思考解決的方法。最好挑比較不忙的日子。

- 總分達 20 分（含）以上時

重新檢視憂慮清單，找出最好解決的事項，解決完畢後請刪除。

例：擔心家裡遭小偷→換個更安全的門鎖→刪除此項

- 如有現在必須馬上解決的事，請立刻找出解決方法。

第 2 階段 Stage 2

必須馬上解決的事

從第一階段中選出必須馬上解決的事，寫在這張表上。請在兩個選項中選擇一項，依照憂慮程度填入 1～5 分。

憂慮程度	憂慮清單中必須馬上解決的事	能自己解決的事	需要找人商量的事
		1～5 分	1～5 分
1			
2			
3			
4			
5			
6			
7			
8			
9			
10			
	分項總分		
	合計總分		

● 「需要找人商量的事」分數較高

屬於獨自過度擔憂的人，若能與他人分享自己擔憂的事，可以減輕擔心的程度。不妨試著跟家人或朋友傾訴。

● 「能自己解決的事」分數較高

你會在事情還沒開始之前就一味地擔心。請鼓起勇氣，將憂慮化為實際行動。

第 3 階段 Stage 3

必須馬上解決且需要找人商量的事

從第二階段中選出必須馬上解決且需要與人商量之事，寫在這張表上。接著寫上可以商量的對象，並依照需要程度填入 1～5 分。商量之後將適合的解決方法寫下來。

憂慮程度	憂慮清單中必須馬上解決且需要找人商量的事	商量對象		解決方法
		丈夫	子女	
		1～5 分	1～5 分	
1				
2				
3				
4				
5				

※ 和商量的對象一起找出解決方法，寫下來，然後按照商量的方法努力去做。

第 4 階段 Stage 4

必須馬上解決且能自己解決的事

從第二階段中選出必須馬上解決，而且可以獨自解決的事，寫在這張表上。依照急迫程度（不急：1 分，非常急迫：5 分）、費用（幾乎不需要花錢：1 分，需要花很多錢：5 分）、時間（幾乎不花時間：1 分，需要花很多時間：5 分）分為三類，每項打 1～5 分。然後寫下最佳解決方法。

憂慮程度	憂慮清單中必須馬上解決且能自己解決、的事	急迫程度	費用	時間	解決方法
		1～5 分	1～5 分	1～5 分	
1					
2					
3					
4					
5					

- 先排出事情的急迫程度，接著考慮費用與時間，並找出最適當的解決方法。

3 相處起來舒服的人 vs. 不舒服的人

第 1 階段 Stage 1

相處起來不舒服的人和理由

按照不舒服的程度，依序寫下那些人的名字。再回想他們讓你不舒服的理由，共有四個選項：說話內容、語氣、表情，以及自以為是的態度，同樣依照不舒服的程度填入 1～5 分。

不舒服的程度	相處起來不舒服的人	不舒服的理由			
		說話的內容	語氣	表情	自以為是的態度
		1～5 分	1～5 分	1～5 分	1～5 分
1					
2					
3					
4					
5					
6					
7					
8					
9					
10					
	分項總分				
	合計總分				

第 2 階段 Stage 2

相處起來舒服的人和理由

按照舒服的程度，依序寫下那些人的名字。再回想他們讓你感到舒服的理由，共有四個選項：說話的內容、語氣、表情、謙虛的態度，同樣依照舒服的程度填入 1～5 分。

舒服的程度	相處起來舒服的人	舒服的理由			
		說話的內容	語氣	表情	謙虛的態度
		1～5 分	1～5 分	1～5 分	1～5 分
1					
2					
3					
4					
5					
6					
7					
8					
9					
10					
	分項總分				
	合計總分				

如果沒有人讓你覺得舒服或不舒服

你與他人的情感交流太少了。因為性格敏感，你可能更喜歡獨處。年輕的時候或許不會有太大問題，但上了年紀後就會更容易感到孤獨。

如果不舒服的人，比舒服的人還多

你會因為人際關係而消耗很多能量。可以思考一下有什麼辦法可以讓身邊多一些見面時覺得舒服的朋友。

如果舒服的人，比不舒服的人還多

大多數人屬於這一類。即使見到了讓你不舒服的人，只要再與讓你舒服的人見面就可以舒緩你的情緒。可多與舒服程度排名第一及第二的人見面。

不舒服的理由中，「語氣」和「表情」的分數較高

你與人交談時，會比較注意對方的語氣及表情，而不是說話的內容。敏感的人大多有這個問題。其實人們在談話過程中展露的表情及語氣，與他們當天的狀態有很大的關係。因此不要認為他們在針對你，都是因為你的關係。

不舒服的理由中，「自以為是的態度」分數較高

有些人喜歡彰顯自己的優點，藉此吸引他人的關注。這樣的人給人的感覺都差不多。如果實在不舒服，可以完全不要見面。當然也可以選擇在某種程度下，包容並接受這樣的人。

不舒服的理由中，「說話的內容」分數較高

如果是對方所說的話讓你不舒服，就需要進一步理性分析

箇中緣由。可以找一個雙方都覺得舒服的環境，試著與對方討論解決辦法。如果對象是上司或長輩而不好開口的話，情況可能難以改變。如果你與對方不常見面，大可不用將對方所說的話放在心上，如此就能避免見面時承受太大的壓力。

● 舒服的理由中，「語氣」和「表情」的分數較高

這說明你在與人談話時，會習慣看別人的臉色。也就是說，如果對方的語氣變得跟以前不一樣，講話難聽或臉色難看時，你可能會覺得很受傷，也會變得更敏感。請記住，對方的語氣和表情，主要是與他當天的狀態有關。千萬不要覺得對方是因為你才會這樣。

● 舒服的理由中，「謙虛的態度」分數較高

與謙虛的人相處會覺得輕鬆自在，但也比較難說出真心話。與他們相處時，最好找一個舒適的環境。

● 舒服的理由中，「說話的內容」分數最高

這是最完美的情況。聽對方說話，感到舒服自在，心情和氣氛都很好，敏感的心也能放鬆。不管和誰見面，都請盡量聊一些讓對方舒服的話題，同時避免談及政治、子女成績等敏感話題。

原書註釋

NOTES

PART 1

[1] Elaine N. Aron, (1997) *The Highly Sensitive Person: How to Thrive When the World Overwhelms You*, Broadway Books, New York.

[2] Jeon HJ (2014) *Int Clin Psychopharmacol* May;29(3):150-156.

[3] Jack et al., *Proc Natl Acad Sci USA*. 2012 May 8;109(19):7241-7244

[4] Jeon HJ (2014) *Int Clin Psychopharmacol* May;29(3):150-156; Comparisons of mean HDRS item scores between Koreans and Americans. Adjusted for total HDRS scores. Significant difference between Koreans and Americans; Bonferroni corrections (P/17); *P<0.003. HDRS, Hamilton Depression Rating Scale.

[5] Jeon et al., (2013) *Affect Disord*. 2013 Jun;148(2-3):368-374.

[6] Jeon et al., *Suicide Life Threat Behav*. 2013 Dec;43(6):598-610.

[7] Souchet J and Aubret F, *Sci Rep*. 2016; 6: 37619.

[8] Jeon et al., *Psychiatry Res*. 2018 Dec;270:257-263.

[9] Mandelli L et al., *Eur Psychiatry*. 2015 Sep;30(6):665-680.

[10] Lim SY and Jeon HJ et al, *J Plast Reconstr Aesthet Surg*. 2010 Dec;63(12):1982-1989.

[11] Joseph R., *Limbic System: Amygdala, Hippocampus, Hypothalamus, Septal Nuclei, Cingulate, Emotion, Memory, Sexuality, Language, Dreams, Hallucinations, Unconscious Mind*, University Press, Cambridge, 2011.

[12] Andersen SL et al., *J Neuropsychiatry Clin Neurosci*. 2008 Summer;20(3):292-301.

[13] Acevedo BP et al., *Brain Behav*. 2014 Jul; 4(4): 580–594.

[14] Alberini CM, *J Neurosci*. 2017 Jun 14;37(24):5783-5795.

[15] Burke SN., *Nat Rev Neurosci*. 2006 Jan;7(1):30-40.

[16] Charles A. Nelson, University of Minnesota, 2000. 已獲哈佛大學醫學院附設波士頓兒童醫院兒童神經科 Charles A. Nelson 教授引用許可。InBrief: The Science of Early Childhood Development, The Center on the Developing Child, 2007

[17] Boldrini M, *Cell Stem Cell*. 2018 Apr 5;22(4):589-599.

[18] 韓國研究財團，「根據重度憂鬱症患者是否有輕生傾向，並配合擴散張量影像結果顯示的「腦源性神經滋養因子」

（Brain-derived neurotrophic factor，簡稱 BDNF）變化：三個月前瞻性追蹤觀察研究及六個月後電話追蹤後續變化研究」（研究負責人：全弘鎮）

[19] Alexander AL, *Neurotherapeutics*. 2007 Jul;4(3):316-329.

[20] Myung W and Jeon HJ et al., *Transl Psychiatry*. 2016 Jun 7;6(6):e835.

[21] Teicher MH et al., *Nat Rev Neurosci*. 2016 Sep 19;17(10):652-666.

[22] Onat S and Büchel C, *Nat Neurosci*. 2015 Dec;18(12):1811-1818.

PART 2

[1] *The Wall Street Journal*. Hide the Button: Steve Jobs Has His Finger on It: Apple CEO Never Liked The Physical Doodads, Not Even on His Shirts, 2020.2.29. https://www.wsj.com/articles/SB118532502435077009

[2] The Spectator, Steve Jobs's button phobia has shaped the modern world. 2014.11.22.https://www.spectator.co.uk/2014/11/steve-jobss-button-phobiahas-shaped-the-modern-world/

[3] Steve Jobs' 2005 Stanford Commencement Address. https://www.youtube.com/ watch?v=UF8uR6Z6KLc

[4] De Venter M., *Acta Psychiatr Scand*. 2017 Jun;135(6):554-563.

[5] Albert Camus (2015)。《瘟疫》(*La Pest*)。劉浩植 譯。韓國。文學社區出版。[1]

[6] Anthony Storr, Churchill's Black Dog, Kafka's Mice, and Other Phenomena of the Human Mind, Harper Collins Publishers, 1989.

[7] Anthony Storr (2018)。《邱吉爾的黑狗——憂鬱症及人類心靈的其他現象》(*Churchill's Black Dog and Other Phenomena of the Human Mind*)。金英善 譯。韓國。文字潭子出版。

[8] 舒曼 -《夢幻曲》，選自《兒時情景》作品 15-7（收錄於《冬季戀歌》電視劇原聲帶）. https://www. youtube.com/watch?v=Fvw6JWEDN7I

[9] Robert Schumann - Piano Quintet in E flat major, Op. 44. https://www.youtube. com/watch?v=UQQxpJ7Pn1g

[10] Larry Dorman, Cause of the Yips Is Debated, but the Effect Isn't, *The New York Times*, 2011.

PART 3

[1] Zhou M et al., *Nat Neurosci*. 2018 Nov;21(11):1515-1519.

---

1 此處出現的外文翻譯書引用書目，主要列出作者實際參考的韓文版書籍出版資訊，若該書有繁體中文版會同時並列原文、中文書名。

[2] D J de Quervain et al. *Nature*. 1998. 20;394(6695):787-790.

[3] Ikki Yoo and Jeon HJ et al., *J Affect Disord*. 2015 1;185:24-30.

[4] Jennifer L Gordon et al., *Am J Psychiatry*. 2015 1;172(3):227-236.

[5] Kyung-Ah Judy Chang, Hong Jin Jeon et al., *Psychiatry Res*. 2016 Nov 30;245:127- 132.

[6] Kwan Woo Choi and Hong Jin Jeon et al., *J Affect Disord*. 2018 227:323-329.

[7] 〈「一杯酒」就能讓人變樣？〉。每日經濟，2018.1.1。

[8] Naomi Breslau et al., *Psychol Med*. 2014 Jul; 44(9): 1937–1945.

[9] Herbert P. Ginsburg 等人(2006)。《皮亞傑的認知發展理論》（*Piaget's Theory of Intellectual Development*）。金貞敏譯。學之社出版。

[10] Breier A, *Arch Gen Psychiatry*. 1986 Nov; 43(11):1029-1036.

[11] https://www.independent.co.uk/travel/news-and-advice/turbulence-dangersfacts-plane-crash-flight-aircraft-delta-nosedive-video-a8779201.html

[12] Myung W, *Psychiatry Investig*. 2015 12(2):204-211.

[13] 〈國內 18%的自殺行為集中於名人自殺後一個月內〉。SBS 新聞，2015.4.22。

[14] 2018 年國人死亡原因統計結果，韓國統計廳，2019 年 9 月 23 日。

[15] 2018 年心理問題諮詢結果報告，韓國中央心理剖檢中

心，2018 年 5 月。

[16] 2017 年心理問題諮詢結果報告，韓國中央心理剖檢中心，2017 年 5 月。

[17] Diniz BS et al., *Br J Psychiatry*. 2013 May;202(5):329-335.

[18] Gorwood et al., *Am* J *Psychiatry* 2008; 165:731–739.

[19] Katon et al, *JAMA Psychiatry*. 2015; Jun;72(6):612-619.

[20] Allan et al., *Br J Psychiatry*, 2015; 206(4):308-315.

[21] Gray et al., *BMJ*. 2016 Feb 2;352:i90.

[22] Farooqi et al., *Nature*. 2001 1;414(6859):34-35.

[23]〈瘦體素「幫助脂肪燃燒的激素」……如何提升瘦體素分泌？〉。健康朝鮮，2015.5.15

[24] Albert Camus (2015)。《瘟疫》（*La Pest*）。劉浩植 譯。韓國。文學社區出版。

PART 4

[1] Smith BN et al., *J Affect Disord*. 2016 197:66-73.

[2] Bowlby, *A Secure Base: Parent-Child Attachment and Healthy Human Development*, Basic Books, USA, 1988.

[3] Choi KW and Jeon HJ et al., *J Affect Disord*. 2018 Feb;227:323-329.

PART 5

[1] 已獲德國塞麥爾維斯醫學院身心健康學系 Axel Woller 教授引用許可。Handbook of Experimental Pharmacology, Springer, 2019.

[2] 已獲延世大學 Severance 醫院整型外科劉大賢教授引用許可。Correction of Eyes and Lip Canting after Bimaxillary Orthognathic Surgery, Yonsei Med J. 2018 Aug;59(6):793-797.

[3] Dinan TG and Cryan JF, *Nat Rev Gastroenterol Hepatol.* 2017 Feb;14(2):69-70.

[4] Cryan JF and Dinan TG, *Nat Rev Neurosci.* 2012 Oct;13(10):701-712.

[5] Siegel M, *Heinz Kohut and the Psychology of the Self*, Taylor & Francis group, New York, 1996.

[6] Jeon HJ and Hahm BJ et al., *J Affect Disord.* 2009 Dec;119(1-3):210-214.

[7] 韓國國家健康資訊網健康專欄。〈什麼是幫助入眠的睡眠衛生守則？〉，韓國疾病管理廳。

[8] Shapiro F. and Maxfield L., *J Clin Psychol.* 2002 Aug; 58(8):933-946.

[9] George Vaillant (2010)。《哈佛教你幸福一輩子：史上最長 80 年研究指標，揭露快樂到老的智慧》（*Aging Well: Surprising*

Guideposts to a Happier Life from the Landmark Harvard Study of Adult Development）。李德男 譯。韓國。前沿出版社。

[10] Bowins B, *Am J Psychother*. 2010;64(2):153-169.

[11] Anna Freud, *The Ego and the Mechanisms of Defence*, Taylor & Francis, London and New York, 1936.

[12] Vaillant, GE., *Dialogues Clin Neurosci*. 2011 Sep; 13(3): 366–370.

[13] *Diagnostic and Statistical Manual of Mental Disorders*, Fourth Edition (DSM-IV), 1994.

PART 6

[1] Vaillant, G., Mukamal K. Successful Aging. *American Journal of Psychiatry*, 2001: 158:839–847.

[2] https://www.youtube.com/watch?v=qEZNNhFurMo

附錄

[1] Spitzer RL et a., *JAMA*. 1999 Nov 10;282(18):1737-1744.

[2] 由朴聖鎮、洪振表等人譯為韓文，發表於大韓焦慮醫學會會報，2010; 6(2)11:119-124.

[3] 韓國國立精神健康中心，2019 年精神健康檢測量表及評估標準。

國家圖書館出版品預行編目 (CIP) 資料

敏感的我，怎麼可以這麼好：從自控、自癒到自由，最關鍵的 7 堂「敏感管理」諮商課——給高度敏感、內心有傷仍自帶光芒的你＝ A Book for Highly Sensitive Person / 全弘鎮著；翟云禾譯 . -- 初版 . -- 新北市：遠足文化事業股份有限公司拾青文化出版；遠足文化事業股份有限公司發行，2022.08
面；　公分 . -- (Onwards & Upwards ； 3)
譯自：매우 예민한 사람들을 위한 책
ISBN 978-626-95987-1-7 (平裝)

1.CST: 神經質性格 2.CST: 心理諮商 3.CST: 生活指導

173.73　　111009391

敏感的我，怎麼可以這麼好

從自控、自癒到自由，最關鍵的 7 堂「敏感管理」諮商課
——給高度敏感、內心有傷仍自帶光芒的你
매우 예민한 사람들을 위한 책 A Book for Highly Sensitive Person

作　　者　全弘鎮 전홍진 ｜ 譯　　者　翟云禾
主　　編　林昀彤 ｜ 編輯協力　陳品伶、黃祥生
封面設計　FE 設計 葉馥儀 ｜ 內文設計　菩薩蠻電腦科技有限公司

讀書共和國出版集團
社　　長　郭重興 ｜ 發行人兼出版總監　曾大福
業務平臺總經理　李雪麗 ｜ 業務平臺副總經理　李復民 ｜ 實體通路協理　林詩富
網路暨海外通路協理　張鑫峰 ｜ 特販通路協理　陳綺瑩 ｜ 印務　江域平、李孟儒

編輯出版　遠足文化事業股份有限公司　拾青文化
發　　行　遠足文化事業股份有限公司
http://www.bookrep.com.tw
23141 新北市新店區民權路 108-2 號 9 樓
電話：(02) 22181417
客服專線：0800-221029 傳真：(02) 86671065
郵撥帳號：19504465 戶名：遠足文化事業股份有限公司
法律顧問　華洋法律事務所／蘇文生律師
印　　製　呈靖彩藝有限公司
初版一刷　2022 年 8 月
定　　價　520 元
ISBN　978-626-95987-1-7

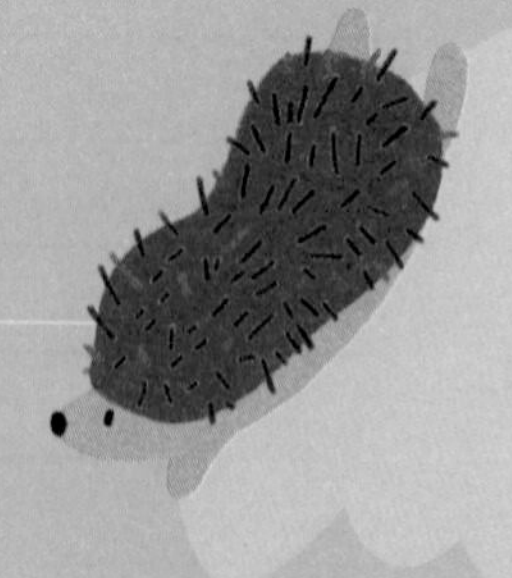